Wolfgang Herbert

Buddha, Zen und Achtsamkeit

Eine kurze Geschichte des Buddhismus im deutschen Sprachraum

FSC
www.fsc.org
MIX
Papier aus verantwortungsvollen Quellen
Paper from responsible sources
FSC® C105338

Wolfgang Herbert

Buddha, Zen und Achtsamkeit

Eine kurze Geschichte des Buddhismus
im deutschen Sprachraum

Bibliografische Information der Deutschen Nationalbibliothek
Die Deutsche Nationalbibliothek verzeichnet diese
Publikation in der Deutschen Nationalbibliografie;
detaillierte bibliografische Daten sind im Internet
über http://dnb.ddb.de abrufbar.

www.oldib-verlag.de
Waldeck 14
45133 Essen
www.oldib-verlag.de
Umschlaggestaltung: Oliver Bidlo
Umschlagbild: Rita Thielen, pixelio.de

Herstellung: BoD, Norderstedt

ISBN 978-3-939556-28-2

Inhalt

1. Facetten des Buddhismus heute: Professionalisierung und Lebensstilisierung

„Der Buddha braucht einmal ein Gleichnis von einem Manne, der steht an einem Ufer voll Schrecknis und Gefahr. Drüben ist das Gestade der Unangefochtenheit. Es gelingt ihm unter Mühen, aus Holz und Schilf ein Fahrzeug zu richten, das ihn glücklich hinüberträgt. Da fragt der Buddha die Mönche: 'wäre der Mann gescheit, wenn er das Floß, weil's ihn gerettet hat, behielte? es auf den Rücken nähme und landeinwärts trüge?' – 'Nein, Erhabener', antworten die Mönche, 'er soll es dem Strom überlassen, der hinter ihm liegt.' – 'So ist es auch mit der Lehre', schließt der Buddha, 'sie ist zum Entrinnen tauglich, nicht zum Festhalten'. – [...] Alles Sagbare an ihr ist Therapie, ein Genesener bedarf ihrer nicht. Wer den Weg wandelt, erfährt die Lehre selbst als ein sich Wandelndes." (Zimmer 1973:268)

Am Beginn des 21. Jahrhunderts hat der Buddhismus im deutschen Sprachraum bleibend Fuß gefasst und ist Teil einer pluralisierten Religionslandschaft geworden. In einer Art Bestandsaufnahme zum 50-jährigen Jubiläum der Deutschen Buddhistischen Union (DBU) wird von einer „Professionalisierung" bis in alle Ecken gesprochen: „Die Professionalisierung ist etwa am Erscheinungsbild buddhistischer Aktivitäten ablesbar: Bescheiden gestaltete Buddhismusblättchen entwickelten sich zu anspruchsvollen Magazinen; einstige heimelige Treffen von DBU- und Mitgliedervertretern, mit Küchendienst für Teilnehmer und Unterbringung im 10-Bettenschlafsaal, veränderten sich in den 1990er Jahren zu professionell organisierten Großveranstaltungen mit mehreren hunderten bezahlenden Teilnehmern/innen. Eine Vielzahl buddhistischer Verlage wurde ins Leben gerufen. In die Ausstattung der Zentren wurde investiert, eigene Webseiten aufgeschaltet." (Baumann 2005:45-6).

Der Buddhismus hat ein gutes Image, das tüchtig bis inflationär vermarktet wird. Buddhistische Devotionalien bergen einen symbolischen Mehrwert als (imaginierte) (Zu)Träger von Frieden und Glück. Buddha-Darstellungen haben bis in die Werbung Eingang gefunden und sind zu Wohlfühldekor und Nippes verkommen. Sie finden sich z.B. in Möbelkatalogen, Restaurantnischen ebenso wie auf Teeverpackungen. Die Kommerzialisierung nimmt alles in ihren Griff: „Nicht nur Informationen zum Thema Buddhismus sind im

Angebot; entwickelt hat sich auch ein Markt für Ritual-Gegenstände, Meditationszubehör und Freizeitgestaltung mit buddhistischem Flair. Beim Rainbow-Spirit-Versandhaus und in den Läden der Geschäftskette Himalaya sind Buddha-Statuen, Räucherwerk, Klangschalen sowie als buddhistisch deklarierte Glücksbringer erhältlich. [...] Deutlich wird, daß Bildnisse des Buddha, Klangschalen und dergleichen mehr zu Gegenständen des Lifestyles werden. Sie sind positiv besetzt; mit ihrer Hilfe kann man sich selbst der eigenen positiven Gesinnung vergewissern und diese Gesinnung zugleich seiner Umwelt demonstrieren."[1] (Prohl 2002:195). Bis dorthin war es ein weiter Weg.

[1] Anmerkung zur Rechtschreibung: Der Haupttext folgt weitgehend den neuen Orthographieregeln. Bei Zitaten wird die Schreibweise des jeweiligen Originals übernommen.

2. Prolegomena zur deutsch(sprachig)en Rezeptionsgeschichte

Interessant ist, dass die Rezeption des Buddhismus im deutschen Sprachraum die historischen Entwicklungen nachzeichnet: Waren im 19. und Anfang des 20. Jahrhunderts der Pâli-Kanon und Theravâda, somit die ältesten Traditionen, im Brennpunkt des Interesses, so wurden ab Mitte des 20. Jahrhunderts dann Richtungen des Mahâyâna eingeführt. Schließlich wurde ab den 1970er Jahren der tibetische Vajrayâna, das historisch jüngste „dritte" Fahrzeug, populär. Mit der steigenden Praxis-Orientierung lag rezent vipassanâ, eine Meditationsform des Theravâda, im Trend, womit der Kreis wieder geschlossen ist: Heute sind (fast) alle Schulen des Buddhismus in den deutschsprachigen Ländern präsent und aktiv.

Im Falle des deutschen Sprachraumes lässt sich konstatieren, dass es sich „um eine relativ geschlossene Interpretations-Tradition" handelt, deren Exegeten des Buddhismus „in der Tradition der deutschen Philosophie und Kultur [standen], was ihrem Werk eine spezifische Note verleiht" (Zotz 1986:5). Hier kann man von den frühen Begegnungen mit indischem Geistesgut im Gefolge des militärischen Vordringens Alexanders des Großen in das nordwestliche Indien (327-325 v. Chr.) und vereinzelten kleinen Meldungen wie bei Marco Polo im 13. Jh. absehen. Mit der massiven Ausbreitung des Islam im 7. und 8. Jh. war der Kontakt nach Indien weitgehend unterbrochen, der Buddhismus selbst verflüchtigt sich nach Zerstörung von Nalanda 1197 in seinem Mutterland. Die Fühlungsnahme mit dem Buddhismus begann in Deutschland in der Neuzeit. Um 1500 war der Seeweg nach Indien für die Europäer durch Vasco da Gama wieder erschlossen und Gewürzhandel und die angestrebte Christianisierung Asiens waren alsbald treibende Kräfte eines intensivierten Kontaktes. Von den Jesuitenmissionaren werden ab dem 16. Jh. Reportagen aus Indien, China und Japan geliefert, die zu den ersten Quellen des Buddhismusbildes in Deutschland zählen.

Eine Anknüpfung an das Altertum gab es allerdings nicht. Dazu waren die Unterbrüche zu tief und nachhaltig, weshalb „im engeren Sinne von einer Begegnung des Westens mit dem Buddhismus erst in jüngster Zeit zu reden sei, seit dem 19. Jh.", meint Frédéric Lenoir, dem ich in den nachstehenden Hinweisen folge: Die Asienreisenden des Mittelalters wussten nicht mehr um die Berührungen und den Austausch mit Indien in der Antike, die Missionare in der Zeit der Renaissance wussten nicht mehr um die Reiseberichte ihrer mehr am Handel interessierten Vorgänger. Nicht nur waren alle diese „Begegnungen" punktuell und die gewonnenen Informationen fragmentarisch, da auf eine bestimmte Form des Buddhismus beschränkt, womit ein Moment einer „historischen Begegnung" ausfällt: die „wissenschaftliche" Beschäftigung mit demselben, einmütig definierten „Gegenstand". Zum anderen senkte sich das bruchstückhafte Wissen via (mangelnder) sozialer Überlieferung nicht ins kollektive Gedächtnis ein, weshalb eine lineare Anknüpfung und diachrone Konstanz nicht gegeben waren. Die Begegnung mit der indischen Geisteswelt und dem Buddhismus seit der Zeit der alten Griechen bis heute als eine geradlinige und uniforme anzusehen, sei daher „eine absolute Fiktion" (Lenoir 2010:9).

Martin Baumann (1995a) gliedert die Geschichte des Buddhismus in Deutschland in sechs idealtypisierte Phasen:

1.) 17. bis 19. Jh.: Kontaktaufnahme und Kenntnisnahme
2.) 1888-1916: Erste Sammelbewegungen
3.) 1918-1942: Deutsche Buddhologie
4.) 1946-1964: Wiederaufbau und Neuanfänge
5.) 1964-1977: Meditations-Buddhismus
6.) 1977-1991: Aufschwung des Tibetischen Buddhismus

Diesen chronologischen Schnitten entlang möchte ich synoptisch und schlaglichtartig die Entwicklungen und Marksteine der Einführung des Buddhismus in Deutschland, Österreich und in der Schweiz nachzeichnen. Dabei gehe ich zunächst von der Repräsentation des Buddhismus durch ausgewählte Dichter und Denker aus, stelle dann erste Repräsentanten vor, die sich zum Buddhismus bekennen, und muss mich mit zunehmender Nähe zur Gegenwart und der damit einhergehenden Ausbreitung auf die Erwähnung repräsentativer Organisationen beschränken.

3. Vom 17. bis 19. Jahrhundert: Kontaktaufnahme und erste Nachrichten

3.1. Die Philosophen

„Die Aussagen der Philosophen spiegeln nicht nur die Geschichte der Buddhismus-Rezeption, sie prägen deren weiteren Gang, indem sie von Philologen, Übersetzern und Historikern übernommen wurden, deren Arbeit ihrerseits auf Philosophen wirkte. Der Prozeß gegenseitiger Beeinflussung brachte Urteile hervor, die bis heute Textübertragungen und Darstellungen beeinflussen. Damit besitzt der Blick in die Rezeptionsgeschichte Relevanz für jeden mit Buddhismus Befassten. Zwar dient er keinem unmittelbaren Faktengewinn, ergänzt aber die Quellenarbeit, indem er Schlüsse auf Ursachen möglicher Fehler erlaubt, die auf stillschweigenden Voraussetzungen eigenen Wahrnehmens beruhen." (Zotz 1996:266-7)

Die **erste** Phase setzt ein mit den Anfängen einer Beschäftigung mit dem Buddhismus, wie sie bei Gottfried Wilhelm Leibniz (1646-1716) gesehen werden können, der ihn in seiner Theodizee als eine Lehre vorstellt, in der alles „auf das Nichts als das erste Prinzip aller Dinge zurückzuführen" sei (zitiert in: Baumann 1995a:44), was bei Immanuel Kant (1724-1804) bei der Beschreibung der „Sekte des Fo" (= Buddha) dann paraphrasiert wiederkehrt: „Es ist eine Meinung unter ihnen, daß das Nichts der Ursprung und das Ende aller Dinge sei [...]" (in: Lütkehaus 2004:77; gleicherweise auch bei Hegel [1961:250]: „[...] Grunddogma, daß das Nichts das Prinzip aller Dinge sei"). Erste Berichte stammten von Asien-Missionaren und diese wurden von ihren Nachfolgern und Reisenden laufend ergänzt. Der Pionier der China-Mission, der hochgebildete und von Renaissance und Humanismus geprägte Jesuit Matteo Ricci (1552-1610), hatte den Buddhismus, nachdem er von den Doktrinen des Nicht-Selbst und der universalen Unbeständigkeit vernommen hatte, als nihilistisch und bar jeglichen positiven Wertes eingeschätzt (Batchelor 1994:171).

Leibniz hat auch auf diese Quelle zurückgegriffen und damit eine lange nachwirkende Fehlinterpretation (Buddhismus = Nihilismus) eingeleitet. Mit dem querverbindenden Verweis auf eine Strömung der Mystik des 17. und

18. Jahrhunderts hat Leibniz noch eine andere später mehrfach verfolgte Fährte gelegt, die Beachtung verdiene, „weil die Gleichung Buddhismus = Quietismus für die gesamte folgende Rezeption wegweisend ist" (Lütkehaus 2004:16). Eine weitere folgenreiche Denkfigur ist auch bei Leibniz schon angelegt und wird immer wieder aufgegriffen: Buddhismus als Pantheismus (mal nach Art des Spinoza, mal mit Verweis auf die Mystik).

Ganz allgemein lässt sich sagen, dass die assimilierende Etikettierung immer auch eine Unterwerfung darstellt: eine Unterwerfung unter die westlichen Kategorien, die dazu führen kann, dass ein vorschneller Denkstopp eintritt, da mit der Etikettierung schon ein Verständnis und Verstandenhaben suggeriert wird. „Aus mancherlei Perspektiven und im Namen sehr verschiedener philosophischer und weltanschaulicher Orientierungsweisen ist das indische Denken, sind Vorstellungen und Vorurteile darüber in den Umkreis des westlichen Denkens gelangt und als Mittel der Selbstdarstellung, Selbstbestätigung und Selbstkritik herangezogen worden. Man hat das Fremde und das Verwandte, Ursprünge, überwundene Stufen oder auch Alternativen des eigenen Denkens, Gefahren und Möglichkeiten für die eigene geschichtliche Entwicklung bei den Indern gesucht. Motive wie Pantheismus, Quietismus und Stoizismus und die Probleme der 'ursprünglichen Offenbarung' und des Verhältnisses von Philosophie und Religion sind in mannigfacher Weise mit Indien assoziiert worden. Es ist dabei im Allgemeinen bei mehr oder weniger grundsätzlichen Vorstellungen geblieben" (Halbfass 1981:182-3).

Bei Friedrich Schlegel (1772-1829), der quellen- und sanskritkundig war, findet sich nach seiner „indomanen Phase" und mit seiner Konversion zum Christentum eine – wohl der Selbstvergewisserung dienlich sein sollende – Distanznahme zum indischen Denken, insbesondere in seiner Lehre des „Alles ist Eins". Diese münde bei den Buddhisten zu einem „Alles ist Nichts". Und, „wo der 'bloß abstrakte und negative Begriff des Unendlichen' alles Endliche, Begrenzte, Individuelle vernichtet hat, [ist] der Schritt vom leeren inhaltslosen 'Einen' zum 'Nichts' die 'natürliche' Konsequenz [...]. Nihilismus ist für Schlegel die Wahrheit des Pantheismus. Und buddhistischer Nihilismus ist negativ vollendeter Pantheismus" (Lütkehaus 2004:32).

Von Georg Wilhelm Friedrich Hegel (1770-1831) wird das positiv gewendet (womit er ausnahmsweise mit seinem „Widersacher" Schopenhauer übereinstimmt), indem er die christliche Mystik als Analogon heranzieht und die Vereinigung mit dem Nichts in der Meditation als Vereinigung der Seele mit Gott interpretiert: „Insofern die Stille des Insichseins das Vernichtetsein alles Besonderen, das Nichts ist, so ist für den Menschen ebenso dieser *Zustand der Vernichtung* der höchste und seine Bestimmung ist, sich zu vertiefen in dieses Nichts, die ewige Ruhe, das Nichts überhaupt, in das Substantielle, [...] die Heiligkeit des Menschen ist, daß er in dieser Vernichtung, in diesem Schweigen sich vereint mit Gott, dem Nichts, dem Absoluten." (Hegel 1969:385-6). Hegel charakterisiert den Buddhismus als die „Religion des Insichseins" und richtet ihn sich anhand einer beschränkten Zahl von Quellen nach seinem eigenen Schema und ihm geläufiger Begrifflichkeit zurecht: „Freilich bleibt auch diese Deutung im eurozentrischen Horizont, insofern Hegel mit 'Seele' und 'Selbst', mit dem 'Wesenhaften', 'Substantiellen' und 'Unveränderlichen' eben jene Kategorien geltend macht, die im Buddhismus verabschiedet sind. Vor allem deutet er das von ihm nun positivierte Nichts nach dem Muster der europäischen Mystik wieder in den Gott um, der Ein und Alles ist, indem er Nichts zu sein scheint. Die 'unio mystica' als eigentlicher Gehalt des 'Nirwana' und froheste Botschaft des Buddhaismus!" (Lütkehaus 2004:43).

Lütkehaus hat mit seiner Anthologie für diese erste Rezeptions- und Kontaktaufnahmephase ein feines kleines Lesebuch vorgelegt, das ein spannendes Kapitel einer geistesgeschichtlichen Begegnung dokumentiert und zeigt, wie deutsche Denker, so scharfsichtig sie sonst auch gewesen sein mochten, den Buddhismus, den sie gewissermaßen nur vom Hörensagen kennen, in ihren Horizont hereinholen und kühn bis aberwitzig mit ihren eigenen Spekulationen und Phantasien ausschmücken. Als Beispiel sei hier nur auf Hegel (1770-1831) verwiesen: „Sinnfällig und nicht ohne eine Prise Komik stellt sich für ihn das 'Versenktsein in die Innerlichkeit' im Bilde des meditierenden Buddha dar: 'denkende Stellung, Füße und Arme übereinandergelegt, so daß eine Zehe in den Mund geht, - dies Zurückgehen in sich, dies an sich selbst Saugen.' Verständlich, daß sich ein ordentlicher preußischer Staatsphilosoph von solch virtuoser Heilsgymnastik überfordert sieht. Der Buddha hat sein Repertoire sozusagen um das Lutschen am Schnuller der Erleuchtung erweitert." (Lütkehaus 2004:42). Glasenapp vermutet, dass sich da Hegel „ein

Bild des Knaben Krishna mit dem des meditierenden Vollendeten vermischt" habe (Glasenapp 1960:56) – der maßlosen Phantasie und Träumerei also, der die Inder laut Hegel verfallen seien, hat er hier wohl selbst ihren Lauf gelassen. Für die negative Einstellung Hegels gegenüber Indien macht Glasenapp geltend, dass er stark von englischen Quellen abhängig war, die die unerquicklichen Seiten der indischen Realität drastisch (über)zeichneten und Korruption, Sittenlosigkeit, Kastenschranken, Aberglauben, die notorisch kolportierte Witwenverbrennung etc. im Sinne einer politischen Propaganda präsentierten, um ihre Kolonialherrschaft zu rechtfertigen (cf. Glasenapp 1960:47 u. 57). Hegel selbst war der Auffassung: „Die Engländer [...] sind die Herren des Landes, denn es ist das notwendige Schicksal der asiatischen Reiche, den Europäern unterworfen zu sein [...]" Und: „Die Weltgeschichte geht von Osten nach Westen, denn Europa ist schlechthin das Ende der Weltgeschichte, Asien der Anfang." (Hegel 1961:216 u. 168). Hier findet sich *in nuce*, was aus heutiger Sicht eindeutig als „kolonialistisch" und „eurozentrisch" denunziert würde: und doch findet sich dieses Denken als (unbewusste) Matrix bei Gegenwartsphilosophen, die sich mit nach Europa transportiertem „asiatischem" Gedankenfrachtgut befassen: und das ist dann mit der Markierung „hegelianisch" gemeint (siehe Kapitel 9).

Als Illustration historischer Ironie sei angeführt, dass der tibetische Buddhismus als degenerierte Zerrform eines Parallel-Vatikans vorgestellt wurde, bei Kant entpuppe er sich „als ein in das blindeste Heidenthum ausgeartetes katholisches Christentum" und Johann Gottfried Herder (1744-1803) schließt sich hier an. Es seien „die rituellen und hierarchischen Ähnlichkeiten des Lamaismus mit der 'päpstlichen Religion', die Herders Allergien motivieren. Lamaismus ist die buddhistische Form des Katholizismus" (Lütkehaus 2004:20 u. 24). Gerade diese Form des Buddhismus gehört aber heute im deutschen Sprachraum zu den beliebtesten und am besten gedeihenden Richtungen. Herder hat indessen auch einen positiven Aspekt gesehen: „Auch daß diese Religion des Shaka (d.h. Buddha) eine Art Gelehrsamkeit und Schriftensprache unter das Bergvolk [...] gebracht hat, ist ein Verdienst für die Menschheit [...]" (zitiert in Glasenapp 1960:21). Außerdem hat sich Herder mit geradezu „liebevollem Verständnis [...] in die indische Kunst versenkt [...], und dies zu einer Zeit, in der anderen Vertretern des deutschen Geisteslebens [...] der Sinn für ihr Wesen noch nicht aufgegangen war." (Glasenapp 1960: 23-24). Im 18. Jh. kam es zu den ersten direkten Kontakten mit Buddhisten: Wolgadeutsche Missionare verbrachten längere Zeit in der Kalmükensteppe und lernten dort einen tibetisch geprägten Buddhismus kennen. Konvertiten gab es wenige, aber einen bedeutenden Wissenschaftler brachte die Kalmükenmission hervor: Isaak Jakob Schmidt (1779-1847). Er lernte Kalmükisch, Mongolisch und Tibetisch, letztere zwei Sprachen konnte man schon ab 1882 an der Universität Leipzig erlernen – auch eine späte Nebenwirkung der Verbindung der Herrnhuter Mönche mit den mongolischen Völkern Russlands. Schmidt hatte zwischen 1832 und 1837 in kalmükischen Gemeinschaften gelebt und gilt als Vater der russischen tibetischen und mongolischen Studien. Er wurde 1829 Mitglied der Russischen Akademie der Wissenschaften und seine Schriften wurden auch von Schopenhauer eifrig gelesen (Batchelor 1994:292).

3.2. Arthur Schopenhauer

Die für die Kenntnisnahme des Buddhismus wohl einflussreichste Einzelperson dürfte im deutschen Sprachraum Arthur Schopenhauer (1788-1860) gewesen sein. Er hat sich „wie kein anderer [...] die größten Verdienste um die Verbreitung der Kenntnis indischer Weisheit im Abendlande erworben. Niemand hat mit so edler Begeisterung wie er immer wieder auf die geistigen Schätze des Gangeslandes hingewiesen, niemand hat ihnen durch seine Schriften so viele Freunde im Westen erworben wie er." (Glasenapp 1960:99). Schopenhauer wirkte auf Friedrich Nietzsche und Richard Wagner ein und war für viele spätere deutsche Buddhisten die Eingangslektüre und der erste Wegweiser in Richtung Buddhismus. Pessimismus, asketische Weltabkehr und Mitleidsethik sind Grundakkorde Schopenhauerschen Denkens, die für ihn mit den Lehren des Erwachten resonieren und lange in der deutschen Buddhismus-Rezeption nachklingen.

Den Schopenhauer immer wieder zugeschriebenen „Pessimismus" bringt er selbst ins Spiel in einer Dichotomisierung der Religionen, wobei er andere theologische Etikettierungen entwertet:

„Den *Fundamentalunterschied* aller Religionen kann ich nicht, wie durchgängig geschieht, darin setzen, ob sie monotheistisch, polytheistisch, pantheistisch oder atheistisch ist; sondern nur darin, ob sie optimistisch oder pessimistisch sind, d. h. ob sie das Dasein dieser Welt als durch sich selbst gerechtfertigt darstellen, mithin es loben und preisen oder aber es betrachten als etwas, das nur als Folge unserer Schuld begriffen werden kann und daher eigentlich nicht sein sollte, indem sie erkennen, daß Schmerz und Tod nicht liegen können in der ewigen, ursprünglichen, unabänderlichen Ordnung der Dinge, in dem, was in jedem Betracht sein sollte. Die Kraft, vermöge welcher das Christentum zunächst das Judentum und dann das griechische und römische Heidentum überwinden konnte, liegt ganz allein in seinem Pessimismus, in dem Eingeständnis, daß unser Zustand ein höchst elender und zugleich sündlicher ist, während Judentum und Heidentum optimistisch waren. Jene von jedem tief und schmerzlich gefühlte Wahrheit schlug durch und hatte das Bedürfnis der Erlösung in ihrem Gefolge." (Schopenhauer 1996/2:219-220)

Schopenhauer hatte den Buddhismus als die bedeutendste indische Tradition erkannt, wenngleich er zur von ihm ebenso geschätzten Vedânta-Philosophie „hauptsächlich nur Formulierungsunterschiede" sah, für ihn ist „das buddhistische Nirvâna lediglich eine andere Formulierung einer Idee des Vedânta" (Zotz 1986:57 und 58), da in Letzterer die Erlösung im Sinne eines vollständigen Eingehens der Einzelseele in den göttlichen Urgrund allen Seins, das Brahm(an) im Grunde mit dem Verlöschen ins Nirvâna übereinstimme, nur dass dieses im Buddhismus vornehmlich im Sinne einer *via negativa* beschrieben werde. Die beiden zugrunde liegende nicht-duale Philosophie läßt eine derartige Interpretation nicht als zu abwegig erscheinen und ist in der Folge auch immer wieder unternommen worden. Die Verwandtschaft mag so auf den Punkt gebracht werden: „Die Upanischaden und der Buddhismus gehören zum gleichen spirituellen Genus; sie unterscheiden sich als Spezies; und die differentia bildet die Akzeptanz oder Ablehnung des âtman (permanenter Substanz)" (Murti 2006:20).

Die Quellenlage war für Schopenhauer noch eher dürftig und er hat z.B. im Falle der Upanischaden trotz direkter neuerer Übersetzungen aus dem Sanskrit bis an sein Lebensende auf eine lateinische Sekundärübersetzung zurück-

gegriffen. Diese von Anquetil Duperron erstellte Übertragung (*Oupnek'hat* 1801-2) ging auf eine persische Übersetzung von fünfzig Upanischaden des Dârâ Shukôh zurück. Letztere ist 1657 unter dem Titel Sirr-i Akbar („Das große Geheimnis") fertiggestellt worden. Vom „Oupnek'hat" kursierten wiederum deutsche Tertiärübersetzungen. Detail am Rande: „Die Rezeption des *Sirr-i Akbar* bzw. des lateinischen *Oupnek'hat* repräsentiert [...] die Kulmination und zugleich das Ende islamischer Vermittlung indischen Denkens an das Abendland" (Halbfass 1981:51).
Schopenhauer selbst sieht die Quellenfrage selbstbewusst so: „Jedenfalls muß es mich freuen, meine Lehre in so großer Übereinstimmung mit einer Religion zu sehn, welche die Majorität auf Erden für sich hat; da sie viel mehr Bekenner zählt als irgendeine andere. Die Übereinstimmung muß mir aber umso erfreulicher sein, als ich bei meinem Philosophieren gewiß nicht unter ihrem Einfluß gestanden habe. Denn bis 1818, da mein Werk erschien, waren über den Buddhaismus nur sehr wenige und dürftige Berichte in Europa zu finden, welche sich fast gänzlich auf einige Aufsätze in den früheren Bänden der 'Asiatic researches' beschränkten und hauptsächlich den Buddhaismus der Birmanen betrafen" (Schopenhauer 1996/2:218).
Im Folgenden verweist Schopenhauer namentlich und löblich auf den Petersburger Gelehrten Isaak Jakob Schmidt, sowie auf – in seiner Schreibweise – den „beharrlichen" Ungarn Csoma Körösi und „mehrere englische und französische Gelehrte", die allmählich eine vollständigere Kunde hinsichtlich des Buddhismus ermöglicht hatten.
Übrigens: Die Ansicht, dass der Buddhismus nach Anhängerzahl die am meisten verbreitete Konfession sei, war zu Schopenhauers Zeiten ein gängiges Urteil, „da man ganz Südost- und Ostasien inklusive China dem Buddhismus zurechnete." (Zotz 2000:75). Sie taucht wieder auf in einem durchaus neuralgischen Verweis, nämlich auf den A-Theismus des Buddhismus: „Daß namentlich der Buddhaismus, diese auf Erden am zahlreichsten vertretene Religion, durchaus keinen Theismus enthält, ja ihn perhorresziert, ist eine ganz ausgemachte Sache." (Schopenhauer 1/1996:653). Dass der Buddhismus ohne (persönlichen) (Schöpfer)Gott auskommt und somit als atheistisch gelten darf, bleibt – je nach Lager – ein Stein des Anstoßes oder ein Anknüpfungspunkt in der abendländischen Rezeption.

Beim Buddhismus hat Schopenhauer die Heilslehre des frühen „kleinen Fahrzeuges" privilegiert. Die philosophisch tiefgründigen Spekulationen des Mahâyâna waren ihm noch nicht zugänglich, daher konnte er „von seinem Standpunkt aus annehmen, die Lehre des 'Siegreich-Vollendeten' sei aus der der Upanishaden durch Ausscheidung mythologischer Fiktionen hervorgegangen und er selbst habe ihr gewissermaßen erst das wahre philosophische Fundament gegeben" (Glasenapp 1960:97).

Schopenhauer sah ein beliebtes romantisches Motiv wiedergebend, Indien als „Land ältester und ursprünglichster Weisheit, von dem die Europäer ihre Abstammung herzuleiten haben, von dem sie in maßgeblicher Weise beeinflußt worden sind, hinter das sie aber auch zurückgefallen sind. Das Christentum hat nach Schopenhauers Meinung 'indisches Blut im Leibe', insbesondere insofern es sich gegenüber dem Judentum abhebt, d.h. in seinen weltverneinenden, asketischen und pessimistischen Tendenzen. [...] Auch in der ägyptischen Religion, im Neuplatonismus usw. meint er indische Elemente zu finden" (Halbfass 1981:130).

In einer Passage über den „Mythos der Seelenwanderung" äußert Schopenhauer auch die Zuversicht, dass eine Erneuerung des europäischen Denkens durch indische Weisheit eintreten werde: „Nie hat ein Mythos und nie wird einer sich der so wenigen zugänglichen, philosophischen Wahrheit enger anschließen als diese uralte Lehre des edelsten und ältesten Volkes, bei welchem sie, so entartet es auch jetzt in vielen Stücken ist, doch noch als allgemeiner Volksglaube herrscht und auf das Leben entschiedenen Einfluß hat, heute so gut wie vor vier Jahrtausenden. Jenes non plus ultra mythischer Darstellung haben daher schon Pythagoras und Platon mit Bewunderung aufgefaßt, von Indien oder Ägypten herübergenommen, verehrt, angewandt und, wir wissen nicht wie weit, selbst geglaubt. – Wir hingegen schicken nunmehr den Brahmanen englische clergymen und Herrnhuterische Leinweber, um sie aus Mitleid eines Besseren zu belehren und ihnen zu bedeuten, daß sie aus nichts gemacht sind und sich dankbarlich darüber freuen sollen. Aber uns widerfährt was dem, der eine Kugel gegen einen Felsen abschießt. In Indien fassen unsere Religionen nie und nimmermehr Wurzel: die Urweisheit des Menschengeschlechts wird nicht von den Begebenheiten in Galiläa verdrängt werden. Hingegen strömt indische Weisheit nach Europa zurück und wird eine

Grundveränderung in unserm Wissen und Denken hervorbringen" (Schopenhauer 1996/1:487).

In seiner eigenen Philosophie erkennt Schopenhauer altindische Denkmotive wieder im Sinne einer überzeitlichen und nicht an historische und geographische Situationen gebundenen Wahrheit. So kann er selbstsicher konstatieren: „Buddha, Eckhart und ich lehren im wesentlichen dasselbe. [...] Eckhart in den Fesseln seiner christlichen Mythologie. Im Buddhismus liegen dieselben Gedanken unverkümmert durch solche Mythologie, daher einfach und klar, soweit eine Religion klar sein kann. Bei mir ist die volle Klarheit" (zitiert in: Halbfass 1981:132). Das altindische Denken ist aber für ihn nichts Überholtes und Hinter-uns-Liegendes oder „Aufgehobenes" im Hegel'schen Sinne, sondern aktuell und wirkmächtig. „Es bietet sich als ein in mancher Hinsicht überlegenes Korrektiv und als Alternative zu den nach Schopenhauers Meinung durch das Vorherrschen des christlich-jüdischen, d.h. des theistisch-personalistischen Geistes herbeigeführten Einseitigkeiten und Irrgängen der abendländischen Tradition" (Halbfass 1981:133).

In einer Bemerkung zu den Hegelianern, die so schlecht wegkommen wie Hegel selbst („[...] gröbern Unsinn des plumpen und geistlosen *Hegel*", Schopenhauer 1996/1:566), bringt Schopenhauer wie auch an anderen Stellen das Christentum im Verein mit dem Buddhismus gegen Judentum und Islam in Stellung: „Besagte Geschichts-Philosophen und -Verherrlicher sind demnach einfältige Realisten, dazu Optimisten und Eudaimonisten, mithin platte Gesellen und eingefleischte Philister, zudem auch eigentlich schlechte Christen; da der wahre Geist und Kern des Christentums ebenso wie des Brahmanismus und Buddhaismus die Erkenntnis der Nichtigkeit des Erdenglücks, die völlige Verachtung desselben und Hinwendung zu einem ganz anderartigen, ja, entgegengesetzten Dasein ist: dies, sage ich, ist der Geist und Zweck des Christentums, der wahre 'Humor der Sache' [...]; nicht aber ist es, wie sie meinen, der Monotheismus, daher eben der atheistische Buddhaismus dem Christentum viel näher verwandt ist als das optimistische Judentum und seine Varietät, der Islam" (Schopenhauer 1996/2:569).

3.2.1 Exkurs: Orientalismus und Anti-Semitismus

Schopenhauer hat die zeitgenössische Literatur zur indischen Geisteswelt eifrig studiert und nennt neben Spencer Hardy (*A Manual of Buddhism*, 1853) namentlich zwei Gelehrte: Burnouf und de Körös. Das Vordringen des Buddhismus in die Kultur Europas des 19. Jahrhunderts ist unverbrüchlich mit Brian Hodgson, einem Angestellten der East Indian Company in Nepal, verbunden. Er kam in den Besitz von etwa 400 bisher unbekannten buddhistischen Manuskripten in Sanskrit und Tibetisch. Er schickte sie nach Calcutta, London und Paris. Auf diese Weise kam Eugène Burnouf (1801-52) in den Besitz einer Reihe von Originalschriften, deren Übersetzung ins Französische unter seiner Leitung bewerkstelligt wurde. Diese Arbeit wie auch sein Buch *Introduction a l'histoire du bouddhisme indien* (1844) waren enorm einflussreich. Burnouf war der erste, der eine klare Unterscheidung zwischen nördlichem und südlichem Buddhismus traf. Den Letzteren sah er als die reinere und ursprünglichere Form an, eine Ansicht, die dazu führen sollte, dass im Europa des 19. Jahrhunderts das Interesse am Theravâda-Buddhismus überwog. Mahâyâna-Schulen blieben unbeachtet bis ins nächste Jahrhundert, da sie als korrumpierte Spätentwicklungen angesehen worden waren (Clarke 1997:74). Dies, obwohl ein weiterer einsamer Pionier ein Tibetisch-Englisches Wörterbuch und eine Grammatik des Tibetischen herausbrachte, was ihn zum „Vater der Tibetologie" machte. Csoma de Körös wurde am 4. April 1784 in Transsilvanien geboren und zeigte schon in jungen Jahren ein intensives Interesse an der Herkunft seines Volkes, der Ungarn, womit er eine „nationalistische und philologische Agenda" verfolgte, die „die Obsession des 19. Jahrhunderts in Bezug auf Ursprünge (von Nationen, Kulturen, Sprachen, Religionen)" vorwegnahm (Oldmeadow 2004:128). De Körös bereiste die Mongolei, Afghanistan, den Punjab, Kashmir und wurde schließlich von William Moorcroft, einem Agenten der East India Company davon überzeugt, dass er in den Bibliotheken von Lhasa wohl an die Quellen für seine Suche nach dem Ursprung der Magyaren herankäme. Er verbrachte in der Folge neun Jahre in Klöstern in Ladakh und Zanskar und führte ein äußerst frugales Leben, das ganz seinen minutiösen Studien gewidmet war. 1831 ging er nach Calcutta, wo er elf Jahre lang als Bibliothekar der Asiatic Society arbeiten sollte, die Herausgabe seiner tibetischen Grammatik und des Wörterbuches betreuen sowie die Katalogisierung der von Hodgson geschickten Texte vornehmen konnte. 1842 erlag de Körös am Fuße des Himalaya in Darjeeling einem Fieber auf einer Reise, die ihn endlich nach Lhasa hätte bringen sollen. In einer Zeit, als die meisten am Buddhismus interessierten Gelehrten sich nur um Pâli-Texte kümmerten, hatte de Körös auf die Wichtigkeit eines Studiums des Tibetischen hingewiesen, das er als „die orthodoxe Sprache des Buddhismus" bezeichnete und er erklärte gar: „Der Hauptsitz des Buddhismus ist in Tibet" (Fields 1992:284-5).

Obgleich de Körös ohne Eigeninteresse sein Leben der Wissenschaft gewidmet, wenn nicht geopfert hatte, war er in die Mikrophysik der Macht verstrickt: Zwanzig Jahre hatte de Körös für ein bescheidenes Gehalt für die Britische Verwaltung gearbeitet und hat damit wohl ungewollt dem kolonialen Machtzugriff wertvolle Instrumente in die Hände gespielt. Seine Arbeiten „dienten als philologische Äquivalente von Landkarten" (Batchelor 1994:237). Der prominenterweise von Edward Said unter dem (Buch)Titel „*Orientalismus*" (1978) erhobene Generalverdacht, dass jedes Streben nach Wissen um den „Orient" mit Überlegenheitsansprüchen, Unterwerfungsgesten und Machtausübung verbunden sei, stößt mit Deutschland bzw. dem deutschen Sprachraum auf eine bemerkenswerte Ausnahme. Das seit dem 18. Jh. wache Interesse deutsch(sprachig)er Gelehrter an vorerst China und dann konzentriert an Indien hat auch auf dessen Höhepunkt nie mit irgendwelchen kolonialen Interessen an den beiden Ländern korreliert (cf. Clarke 1997:27). Dessen ist sich Said bewusst, allerdings unterstellt er den deutschen Forschern dieselbe Haltung wie den „Kolonialisten", nämlich intellektuelle „Autorität" im Sprechen über den Orient innehaben zu wollen (Said 1979:19) – aber wird die nicht auch in anderen Wissensgebieten qua Berufsstellung erhoben?

Zudem waren die Urteile unter deutschen Gelehrten über jene Länder und deren Geisteswelt nie monolithisch: Sie reichten von uneingeschränkter Bewunderung („Wiege aller Weisheit" u.ä.) bis zu indes herablassender Abwertung – die wohl mehrheitliche Mittellinie dürfte aber sicher mit „Respekt" umschrieben werden. Respekt, der dem Eindruck ebenbürtigen Kultur- und Gedankenwelten begegnet zu sein, gezollt wurde. Auch die spezifisch deutsch-romantische Suche nach Verwandtschaften und genealogischen Gemeinsamkeiten hat mit einem eingleisigen Machtdiskurs, im (Said'schen) Sinne einer Schaffung eines gegenpoligen Anderen zu Herrschaftszwecken, vorerst nichts zu tun.[2] Das deutsch-romantische Projekt zielte u.a. auf die Herstellung einer (nationalen) Identität ab und diente der Suche nach einer „authentischen" volksverwurzelten Kultur – dies geschah wie bei Selbstvergewisserungen dieser Façon üblich in Kontrastbildern: Leider können solche allzu leicht in Feindbilder umkippen. Die Vereinnahmung eines „arischen" Indiens und damit sowohl rassischer wie sprachlicher und kultureller Gemeinsamkeiten zur Selbsterkundung und Abgrenzung seitens der „indomanen" deutschen Gelehrten ist ein Spezifikum, das schon bei Schopenhauer deutlich wird: er hoffte, dass eine Zeit heranrücke, in der Europa von der jüdischen Mythologie gereinigt sein werde, da es wieder für die indische Geistigkeit, namentlich den Buddhismus, reif werden würde. Er vertrat somit „ein religions- und kulturpolitisches Reformprogramm mit klarest antisemitischer Zielrichtung. [...] Der neue arische Antisemitismus konnte auf dem jahrhundertealten christlichen Antijudaismus aufbauen und sich schon bei Schopenhauer mit diesem verbinden. Was ihm am Christentum als gut gilt, stammt für den Philosophen aus Indien, was er ablehnt, kommt aus dem Judentum. [...] Das in der Lehre des ersten Deutschen, der sich ausdrücklich als Buddhist bekannte, angelegte rassistische Programm, wurde eines der konstituierenden Elemente deutscher Buddhismus-Rezeption." (Zotz 2000:80-1). Bei Schopenhauer ist jedoch kaum eine „rassische", gegen das jüdische Volk gerichtete ausgearbeitete Ideologie zu finden – die Idee eines gemeinsamen „arischen Erbes" wurde erst nach ihm in diesem (Un)Sinne umgeschrieben. Schopenhauers Stoßrichtung ging gegen den Monotheismus und den mit ihm auftretenden Legalismus und Heilsoptimismus (Clarke 1997:78).

[2] Dass die Konstruktion von indo-europäischen oder gar indo-arischen Verwandtschaften in Sprache, Kultur, Mythen und religiösen Anschauungen etc. in der Folge an einen mörderischen Anti-Semitismus-Diskurs angekoppelt wurde, ist freilich ein anderes, für eine weitere Analyse hier viel zu komplexes dunkles Kapitel (siehe z.B. Pollock 1993). Nur bei einer gewalt(tät)igen Streckung des Begriffes kann jedoch bei der „Konsumation" der respektiven Spekulationen der deutschen Indologie des 19. Jahrhunderts in der NS-Zeit in Form einer (Indogermanen-)Rassenideologie noch von „Orientalismus" gesprochen werden.

3.2.2 Weltanschaulicher Pessimismus und Nihilismus: Mainländer und Nietzsche

In der akademischen Philosophie ist Schopenhauer ein Kuriosum und Außenseiter, aber nicht ohne beträchtliche Wirkungen geblieben. Den Ende des 19. Jahrhunderts modischen weltanschaulichen Pessimismus hat er – oder ihre Vertreter darein – initiiert. Philipp Mainländer (alias Ph. Batz, 1841-76) „findet im Buddhismus eine willkommene Illustration seiner Lehre vom 'Willen zum Tode'. Auch Eduard von Hartmann (1842-1906), konservativer, wenig radikal und literarisch attraktiver als Mainländer, widmet dem Buddhismus, wie auch dem Hinduismus große Aufmerksamkeit." Sie werden „als 'abstrakter Monismus' oder 'idealistische Erlösungsreligion', dem jüdisch-christlichen Theismus unter dem Titel 'Supranationalismus' nebengeordnet und dem Primitiven 'Naturalismus', der auch die Religionen der Griechen und Römer umfaßt, übergeordnet." (Halbfass 1981:138). Auch hier wird die indische Denkwelt als Abspiegelungsinstrument und Selbstdefinitionshilfe herangezogen, aber in einer Weise – wie Halbfass im weiteren auch vermerkt -, dass diese Anerkennung verdiene und als prinzipiell ebenbürtig angesehen wird. Hartmann tritt im Übrigen gegen einen düsteren „Entrüstungs-Pessimismus", den er auch „Miserabilismus" nennt, an und verkündet einen „aktionsfreudigen, kraftvoll energischen" Pessimismus. „Der alte quietistisch-asketische Pessimismus erschien in neuer Form als ein heroischer." (Slepčević 1920:10). Damit wurde er freilich auch als Weltgefühl verträglich und breitenwirksamer.

An Schopenhauer und der Lehre des Buddha arbeitet sich Friedrich Nietzsche (1844-1900) auf seine Weise ab. Beide hatten für ihn noch nicht die Höhe seines eigenen und ihm einzig zukunftsträchtigen Nihilismus erreicht. In der Überwindung Schopenhauers fand Nietzsche zu sich selbst. Das indische Denken schätzte er als Vorstufe zu seinem heraufdämmernden Pessimismus der Zukunft, den er einen „dionysischen"[3] nennt und der in die blinde

[3] Nietzsche 2000:282 (§ 370), für das Folgende cf. 240 (§ 346). Übrigens war Nietzsche durch seine lebenslange Freundschaft mit Paul Deussen (1845-1919) indologisch informiert und auf dem aktuellen Stand. Deussen hinwieder kommt der Verdienst zugute, die indische Philosophie als ein zur westlichen paralleles, eigenständiges und gleichberechtigtes Wahrheitsstreben erkannt zu haben. Er war der „große Bahnbrecher, der wie kein anderer zu seiner Zeit dazu beigetragen hat, der Philosophie der Inder den ihr gebührenden Platz in dem Gesamtgebiet

Weltliebe umkippe. Im Buddhismus sieht er eine Weltverweigerung und einen Pessimismus, welche reifer, stärker, aristokratischer und kultivierter erscheinen als im Christentum. Aber die „vollendete Süßlichkeit und Milde" eines schönen Abends genügen ihm nicht:

„Wer, gleich mir, mit irgendeiner rätselhaften Begierde sich lange darum bemüht hat, den Pessimismus in die Tiefe zu denken und aus der halb christlichen, halb deutschen Enge und Einfalt zu erlösen, mit der er sich diesem Jahrhundert zuletzt dargestellt hat, nämlich in Gestalt der Schopenhauerischen Philosophie; wer wirklich einmal mit einem asiatischen und überasiatischen Auge in die weltverneinendste aller möglichen Denkweisen hinein und hinunter geblickt hat - jenseits von Gut und Böse, und nicht mehr, wie Buddha und Schopenhauer, im Bann und Wahne der Moral -, der hat vielleicht ebendamit, ohne daß er es eigentlich wollte, sich die Augen für das umgekehrte Ideal aufgemacht: für das Ideal des übermütigsten, lebendigsten, weltbejahendsten Menschen, der sich nicht mit dem, was war und ist, abgefunden und vertragen gelernt hat, sondern es, *so wie es war und ist*, wieder haben will, in alle Ewigkeit hinaus, unersättlich da capo rufend, nicht nur zu sich, sondern zum ganzen Stücke und Schauspiele [...]" (Nietzsche 1984:54/§ 56). Hier klingen die Motive der ewigen Wiederkehr und des *amor fati* an. Letztlich ging es Nietzsche um die Überwindung der Religion, wobei er den Buddhismus als eine mögliche Stufe auf dem Weg einer Neuwerdung Europas empfahl. Er sei ein Diätetikum für geistige Genesung, dem Christentum überlegen, indem er die Götter und Priester entthronte und auf Selbsterlösung setzte. Ein „europäischer" Buddhismus wird zum kulturkämpferischen (Re)Medium, um die althergebrachte Religion auszuhebeln und zu unterminieren, wonach er selbst auch entbehrlich wird. Nietzsche bleibt die Umwertung aller Werte und einen konsequenten Nihilismus, den nur ein neuer, starker Übermensch aushalte, zu verkünden. Dieser Rezeptionsmodus, nämlich den Buddhismus als Heilmittel gegen die christliche Malaise ins Spiel zu bringen und über ihn eine allgemeine Kulturkritik zu betreiben und Diatriben gegen das jüdisch-christliche Weltbild zu führen, ist auch in einem weiteren Kontext bedeutsam: Nietzsche habe, was vielen Buddhismus-Enthusiasten entging, „diesen Mittel-Charakter der Lehre des Buddha auf dem Wege

---

der Philosophie zu sichern" (Glasenapp 1960:126).

einer Veränderung Europas erkannt. Er hat das ausgesprochen, was wohl zahlreichen Mitläufern der buddhistischen Bewegung nicht klar werden durfte: Ihr Eintreten für den Buddhismus war kein Konvertieren, sondern eine Rebellion gegen das Europa ihrer Zeit" (Zotz 1986:141).[4]

Auch die schlichte intellektuelle Liebäugelei mit buddhistischen Ideen, die um die Jahrhundertwende bis in die Zeit nach dem ersten Weltkrieg zu einer veritablen Mode geworden war, verdankt sich – wie Poier (1990) im Detail vorführt – kulturpessimistischen Stimmungen und einem Bündel sozialer, politischer und geistiger Faktoren: Identitätskrise auf individueller und kollektiver Ebene, Redefinition und Sezierung der „Seele", Kritik am Christentum und Glaubensverlust, Vormarsch der Wissenschaft und Technik, Industrialisierung, Erosion monarchischer Systeme, Suche nach einer neuen rational begründeten Ethik und Lebensreform etc. Darüberhinaus wurde Asien auch über seine Kunst, Weltausstellungen (1873 in Wien) und durch Reisefeuilletons erstmals einem breiteren Publikum zugänglich und erregte Faszination und Imagination. Die Abendlandmüdigkeit ging soweit, dass sich z.B. Hugo von Hofmannsthal (1874-1929) eine umfassende „Renaissance" durch den Blick auf oder aus Asien erwartete, eine Sicht, die schon früher artikuliert und als „indische Renaissance" etikettiert worden war:

„Die Kultur, die uns trägt, und an der, wie an den Planken eines alten Schiffes, der gewaltigste und anhaltendste Sturm seit einem Jahrtausend jetzt rüttelt, ist in den Grundfesten der Antike verankert. Aber auch diese Grundfesten selber sind kein Starres und Totes, sondern ein Lebendes. Wir werden nur bestehen, sofern wir uns eine neue Antike schaffen: und eine neue Antike

[4] Diese Beobachtung hingegen dürfte bis in die Gegenwart Gültigkeit besitzen. Der nicht antithetisch aus der westlichen Tradition erwachsene Buddhismus mit seiner alternativen Ontologie, metaphysisch „hinterweltlosen" und anti-materialistischen Ethik sowie seiner atheistisch/agnostischen Stossrichtung eignet sich hervorragend zu einer radikalen Kritik an westlichen Denk- und Lebensmodellen. Er böte aber auch die echte Chance einer Relativierung und Reflektierung des Eigenen im Spiegel des Anderen. Ferner kann die „Konversion" auch Rebellion gegen die eigene Religion sein: in England wird kritisiert, dass buddhistische Ex-Christen oft eine feindselige Haltung gegenüber dem Christentum ein- oder annehmen: somit haben sie nur eine exklusivistische Entscheidung für einen Glauben (!) mit einer anderen vertauscht (cf. Mellor 1991:86). Mithin haben sie auch die tief in ihnen liegende christliche Matrix eines Absolutheitsanspruches nicht aufgelöst.

entsteht uns, indem wir die griechische Antike, auf der unser geistiges Dasein ruht, vom großen Orient aus neu anblicken" (zitiert in Poier 1990:115).
Diese pathetische Mahnung ist natürlich auch auf ihre Weise prekär. Allgemein wird – und darum handelt es sich letztendlich - zur Instrumentalisierung Asiens und des Buddhismus in dieser Epoche vermerkt: „Die Probleme der Buddhismus-Rezeption bestanden in dem übersteigerten Anspruch der den Buddhismus Propagierenden bzw. Rezipierenden, der Buddhismus müsse eine Antwort auf jedes Problem der Gesamtkultur parat haben, er müsse Europa vor der Krise retten" (Poier 1990:117).
Richard Wagner (1813-1883) war durch die Lektüre Schopenhauers auf den Buddhismus gestoßen, dem er soviel Sympathie entgegenbrachte, dass er daran dachte, buddhistische Legendenstoffe in einer Oper mit dem Titel „Die Sieger" zu verarbeiten. Sie blieb zwar in der Schublade liegen, dennoch haben Motive wie Seelenwanderung und Weltentsagung in seine Musikdramen Eingang gefunden. Der Einfluss des Wagnerschen Flirts mit dem Buddhismus ist mithin lange überschätzt worden, „dieser darf wohl aufgrund der – durch das künstlerische Verfahren bedingten – Verschlüsselung und aufgrund der Verknüpfung buddhistischer Inhalte mit anderen als relativ gering veranschlagt werden." (Poier 1990:43). Sein zeitweise euphorisches Interesse an Buddhas Lehre und seine starke Persönlichkeit dürften aber in seinem Umkreis durchaus infektiös gewirkt haben. Mit viel gutem Willen kann man in der Schweiz davon sprechen, dass Wagner dort die ersten buddhistischen Spuren gelegt hatte: er war in den 1850er Jahren als politischer Flüchtling in Zürich und die bei ihm verkehrenden Intellektuellen und Exilierten dürften wenigstens in schöngeistiger Salongesprächsform mit dem Buddhismus bekannt geworden sein (Baumann 1998:255). Nachhaltigere Eindrücke hinterließ erst ein halbes Jahrhundert später der deutsche Musiker und Theravâda-Mönch Nyânatiloka, der auch über die Lektüre von Schopenhauer und theosophischen Schriften dem Buddhismus zugeneigt wurde.

3.3. Die Theosophische Gesellschaft

Die Rolle der Theosophischen Gesellschaft kann in der ersten Vermittlungsphase kaum überschätzt werden. 1875 gegründet von Helena Petrowna Blavatsky (1831-1891) und Henry Steel Olcott (1832-1907) und seit 1882 mit

Hauptsitz in Adyar/Madras in Südindien, versuchte sie eine Synthese zwischen westlichen okkulten, „hermetischen", kabbalistischen, esoterischen, spiritualistischen und mystischen Traditionen und östlicher Spiritualität (maßgeblich hinduistischer und „esoterisch"-buddhistischer) zu schaffen, damit die latenten psychischen Fähigkeiten des Menschen zu entwickeln und eine universale Brüderschaft der Menschheit aufblühen zu lassen. Blavatsky verwendete in ihren Schriften Konzepte wie Mâyâ („Illusion, Täuschung, Schein"), Karma, Reinkarnation und Meditation ausgiebig und hat diese Termini in vielen europäischen Sprachen heimisch gemacht. Letztlich blieb ihre Herangehensweise aber eine eklektische und in der westlichen Esoterik verwurzelte: assimilationsfähige Konzepte aus Hinduismus und Buddhismus wurden aufgenommen, unpassende ignoriert oder uminterpretiert (cf. Hanegraaff 1998:455). Es bleibt den Theosophen aber das Verdienst, in der Hochblüte des Kolonialismus, als auf die Religionen der Einheimischen als atavistische Kulte oder polytheistisch-primitive Idolatrie mit Verachtung herabgesehen wurde, diese ernst genommen und einer vergleichenden Sichtweise unterzogen zu haben. Diese Art komparativer Religionswissensschaft *avant la lettre* beruhte auf der Auffassung, dass die Religionen letztlich konvergent und konkordant seien, auf einer Ur-Weisheit beruhten, die als Wahrheitskern und *sophia perennis* allen zugrunde liege und die es herauszuschälen gelte.
„Die theosophische Bewegung hat sich sicherlich über ihre verschiedenen Aktivitäten und zahlreichen Publikationen als höchst wirksam in der Popularisierung asiatischer Religionen und philosophischer Ideen im Westen erwiesen und in ihrer Ermutigung eines Ost-West Dialoges. Auf ihrem Höhepunkt um die Jahrhundertwende hatte sie 400 Zweigstellen in Indien, Europa und Amerika aufzuweisen und mit dem Jahre 1920 hatte sie eine Mitgliedschaft von über 45.000." (Clarke 1997:90). Obwohl ihr Einfluss im weiteren 20. Jh. deutlich nachließ, hatte sie inspirative Wirkung in Bezug auf die Gründung vieler buddhistischer Gesellschaften.
Der Glaube an Meister (Mahatmas), die in höheren „astralen" Sphären zum Wohle der Menschheit wirkten und mit denen psychischer Kontakt möglich sei und die Verkündung eines neuen „Weltlehrers", in dem der kommende Buddha Maitreya sein „Vehikel" finden würde, gehörten zentral zum Lehrgut der Theosophen. Der für die Rolle des Weltlehrers auserkorene Brahmanen-

jüngling Jiddu Krishnamurti (1895-1986) entsagte 1929 dieser Zumutung in spektakulärer Weise, verkündete, dass „die Wahrheit ein wegloses Land" sei und „nicht organisierbar" und zu der man nicht „über irgendeine Religion oder Sekte gelangen" könne (Lutyens 1981:317). Er löste den um ihn gegründeten *Order of the Star in the East* auf. Erwähnt sei dies als Kuriosum am Rande - aber nicht zuletzt war der große Zen-Propagandist D.T. Suzuki hier involviert (!), da ein Zweig dieses Ordens sich in den 1920er Jahren in seinem Hause in Osaka zu regelmäßigen Treffen eingefunden hatte (cf. Sharf 1995:144).

Im Übrigen standen viele Buddhismus-Popularisierer der ersten Stunde der Theosophischen Gesellschaft nahe oder waren Mitglied: Dazu zählen Edward Conze, Christmas Humphreys, Alexandra David-Neel oder Walter Y. Evans-Wentz. Blavatsky und Olcott nahmen am 25. Mai 1880 in einem Tempel in Galle (damals Ceylon) formal Zuflucht zu Buddha und legten die Laiengelübde ab. Sie wurden fortan die „weißen Buddhisten" genannt und insbesondere Olcott hatte maßgeblichen Einfluß auf eine Revitalisierung der Theravâda-Tradition in Sri Lanka (Oldmeadow 2004:65). Olcott schrieb auch einen viel gelesenen *Buddhist Catechism* (1881). Von Blavatsky hieß es, dass „ihr Wisssen um den Dharma minimal war", dennoch führte ein von dem Holländer A. P. Sinnett (1840-1921) verfasster *Esoteric Buddhism* (1883/dt. 1884: „*Die esoterische Lehre*") dazu, „dass viele Europäer zu glauben begannen, dass die okkulten Fantasien der Theosophie die wahren Lehren des Buddhismus darstellten." (Batchelor 1994:270). Gegen diese Verfälschung, aber nichtsdestoweniger sehr populäre Auffassung, ging Karl Eugen Neumann scharfzüngig ins Gericht: „Doch die scheußliche Fratze des 'esoterischen' Buddhismus wie unerhört frech tritt diese Phorkyas[5]-Gestalt neuerdings bei uns auf, mit ihren Geister- und Gespenstergeschichten, mit ihrem spiritistischen Hokuspokus, hypnotischen Wunderkuren, telenergischem Zauberkram und anderem krausen Zeuge mehr, ein Stück Mittelalter in der Neuzeit, mit wissenschaftlichen Abfällen gedüngt." (Zitiert in Hecker 1993b:23, der auch anmerkt, dass uns diese Distanzierung heute eher überflüssig und schwer verständlich erscheine). Für Neumann und manche seiner seriös wissenschaft-

---

[5] Gemeint ist sicher Phorkys (auch Phorkos), in der griechischen Mythologie Sohn der Gaia und des Pontos und Stammvater einer Legion schrecklicher Scheusale.

lich arbeitenden Zeitgenossen galt aber letztlich alles Buddhistische nach dem Pâli-Kanon als korrumpiert.

Aus dem theosophischen Umfeld trat aber auch eine Persönlichkeit hervor, die dem Buddhismus deutlich ablehnend gegenüberstand: Rudolf Steiner tritt 1902 der Theosophischen Gesellschaft bei und übernahm 1904 in der Funktion des Generalsekretärs die Leitung ihrer Deutschen Sektion. 1912/3 kommt es zum Bruch und Ausschluss Steiners, veranlasst durch die Kritik Steiners an der Ausrufung eines „Weltheilands" (Jiddu Krishnamurti, s.o.) durch die Theosophen. 1913 gründet er dann die Anthroposohische Gesellschaft (N.N. 2001). Steiner hielt unzählige Vorträge und hinterließ ein umfangreiches Schrifttum. Seine Impulse in der Pädagogik (Waldorfschulen), aber auch in der biologisch-dynamischen Landwirtschaft, wirken bis heute weltweit nach. Unstimmigkeiten mit der Theosophischen Gesellschaft gab es schon während seiner Mitgliedschaft und zwar in „theologischen" Fragen. Während für die Theosophen Jesus ein spiritueller Meister unter und neben vielen anderen war, war Steiner von der Einmaligkeit und Einzigartigkeit des Heilsereignisses, das sich für ihn in Christus verkörpert hatte, überzeugt. Aus dieser christozentrischen Sicht wird von Steiner der Buddha „taxiert" und an seinen Platz verwiesen. Für Steiner kulminiert ganz hegelianisch – und soteriologisch – die Weltgeschichte im Abendland und von dieser hohen Warte aus, formuliert er seine Kritik am Buddhismus. Und diese Attitüde kehrt bis in die Gegenwart, auch in a-religiöser Form, wieder (siehe Kapitel 9).

Rudolf Steiner sieht den Lebenslauf eines „Initiierten" als typisch an, vielleicht darf man heute sogar sagen: als archetypisch. Er skizziert einige Parallelismen in den Viten von Jesus und Buddha, wobei er sich vornehmlich auf den Leipziger Theologen Rudolf Seydel (1835-1892) beruft und kommt dann zu dem Schluss: „Und deshalb kann deren Lebenslauf nur entsprechen, was sie als Lebenslauf eines Gottmenschen kennen. In ihrer Mysterienweisheit erscheint für die Ewigkeit ein solcher Lebenslauf vorgezeichnet. Er *kann* nur sein, wie er sein muss. Wie ein ewiges Naturgesetz erscheint solch ein Lebenslauf. [...] Die Buddha-Legende ist ebenso wenig eine Biographie im gewöhnlichen Sinne, wie die Evangelien eine solche des Christus Jesus sein wollen. Beide erzählen nicht ein Zufälliges; beide erzählen einen für einen Weltheiland vorgezeichneten Lebenslauf." (Steiner 1961:105-6)

Dann hingegen hebt Steiner Jesus über Buddha hinaus: „Aber das Jesus-Leben enthält mehr als das Buddha-Leben. Buddha schließt mit der Verklärung. Das Bedeutungsvollste im Jesus-Leben beginnt nach der Verklärung. Man übersetze das in die Sprache der Eingeweihten: Buddha ist bis zu dem Punkte gelangt, wo in dem Menschen das göttliche Licht anfängt zu glänzen. Er steht vor dem Tode des Irdischen. Er wird das Weltlicht. Jesus geht weiter. Er stirbt nicht physisch in dem Augenblicke, in dem ihn das Weltlicht durchklärt. Er ist in diesem Augenblicke ein Buddha. Aber er betritt auch in diesem Augenblicke eine Stufe, die in einem höheren Grade der Initiation ihren Ausdruck findet. Er leidet und stirbt. Das Irdische verschwindet. Aber das Geistige, das Weltlicht verschwindet nicht. Seine Auferstehung erfolgt. Er enthüllt sich als Christus für seine Gemeinde. Buddha zerfließt im Augenblicke seiner Verklärung in das selige Leben des Allgeistes. Christus Jesus erweckt diesen Allgeist noch einmal in menschlicher Gestalt in das gegenwärtige Dasein. [...] Buddha hat mit seinem Leben das erwiesen, daß der Mensch der Logos ist, und daß er in diesen Logos, in das Licht zurückkehrt, wenn sein Irdisches stirbt. In Jesus ist der Logos selbst persönlich geworden. In ihm ist das Wort Fleisch geworden." (Steiner 1961:106-7). Die von Steiner beanspruchte Überlegenheit Jesu demonstriert er auf subtile Weise bis in die sprachliche Ebene hinein: Buddha's Wesen wird in (neu)platonische und augustinische Vokabeln eingehüllt, ja in entsprechende Konzepte hineingezwängt (Verklärung, Allgeist, Licht, Logos etc.) und nicht aus seinem Eigenen zur Sprache gebracht. Obwohl Steiner die Lehren von Wiedergeburt und Karma propagierte, „hielt er große Distanz zum Buddhismus als solchem, den er im Grunde für überholt hielt." (Zotz 2000: 326).

3.4. Die Indologie

Schließlich wurde der Buddhismus zum Objekt ernsthafter geistesgeschichtlicher und philologischer Forschung. Pâli und Sanskrit wurden studiert und gelehrt, 1818 wurde der erste Lehrstuhl für Indologie an der Universität Bonn eingerichtet. Er wird von August Wilhelm Schlegel (1767-1845) besetzt. 1829 gab es in Jena, Berlin und München drei weitere Professuren und fünfzig Jahre später hatte Deutschland die meisten Sanskritlehrstühle außerhalb Indiens. „Waren bis in die 70er Jahre des 19. Jahrhunderts vornehmlich tibetische und chinesische Quellen herangezogen worden, so gewann in den nachfolgenden Jahrzehnten das wissenschaftliche Interesse am südlichen Buddhismus und dessen Pâli-Texten prägende Bedeutung. 1881 gründete Thomas William Rhys Davids (1843-1922) die 'Pâli Text Society' in England; im gleichen Jahr ging Hermann Oldenburg (1854-1920) in seinem Werk *Buddha. Sein Leben, seine Lehre, seine Gemeinde*, das auf Pâli-Quellen basierte, auf die Geschichtlichkeit des Buddha ein." (Baumann 1995a:48). Oldenburgs Schrift trug wesentlich zur raschen Popularisierung des Buddhismus im deutschen Sprachraum bei. Seine Darstellung des Buddha als historisch fassbarer Person geht parallel mit dem Interesse in der zeitgenösssischen christlichen Theologie am „historischen Jesus" und dürfte von dorther instigiert gewesen sein.[6]

Ebenso verdankt sich das konzentrierte Interesse am Pâli-Kanon einem christlich geprägten Verständnis von Religion, nach dem ein, wenn nicht *der* wesentliche(r) Fokus auf einer zentralen heiligen Schrift liegt und „Emphase auf dem Text als Lokus der Religion." („*literary bias*" nennt das King 1999:43). Diese Ansicht, dass sich der Buddhismus aus der Lehre ihres vermeintlichen „Gründers" erschließe und die Konzentration auf die ältesten, mutmaßlich authentischsten Texte, die darüberhinaus in einer nur (männlichen) Elite zugänglichen klassischen Gelehrtensprache verfasst sind, schuldet sich christlichen, notabene protestantischen Vorverständnissen in Bezug auf das Wesen einer Religion. Dabei wird von Praxis, rituellem Leben, Ikonographie, sozialer Funktion, „volkstümlichem" Glauben etc. völlig abgesehen. Was ausschließlich ins Visier gerät und entsprechend (re)konstruiert wird, ist eine idealisierte, doktrinzentrierte, universalisierte, abstrakte, somit stark verkürzte Form der buddhistischen Religion. Kein Wunder also, dass der Zugang zum Buddhismus lange Zeit ein intellektuell-kognitiver blieb und er als „Lehre" verstanden und vermittelt wurde und nicht als lebendige Praxis.

Die erste Ära der Wahrnehmung des Buddhismus war von einem allgemeinen Interesse an Asien, vorerst Indien und unter Aufklärungsphilosophen dann China geprägt. Man war von indischer Philosophie allgemein beein-

[6] Gerade im 19. Jh. nahm die aufklärerisch motivierte „Leben-Jesu-Forschung" einen deutlichen Aufschwung. Dabei ging es u.a. um die Historizität der Person Jesu und die Authentizität seiner biblisch überlieferten Aussprüche, cf. RGG IV. Bd 1960:249f.

druckt, nicht zuletzt von den Upanischaden, die unter deutschen Philosophen und auch bei Schopenhauer großes Ansehen genossen. Den meisten Rezipienten fehlte noch Primärquellenkompetenz und es kam noch zu Unschärfen in der Unterscheidung von vedântisch-monistischem und buddhistischem Gedankengut. Vor allem Gebildete, d.h. Philosophen, Schriftsteller und Künstler ließen sich vom Buddhismus inspirieren, ihr Zugang war kognitiv-rational oder emotional; eine organisierte „Basis" existierte nicht. Der Buddhismus galt mehr als Weltanschauung, in positiver Sicht als friedliches, humanes Gegenbild zum Christentum, (kirchlich) negativ gewendet als gottlose, nihilistische Lehre.

4. Fin de Siècle bis zum 1. Weltkrieg: Erste Sammelbewegungen und Persönlichkeiten

Die **zweite** Phase der Rezeption und Ausbildung der ersten Sammelbewegungen wurde wie folgt initiiert: „Als Reaktion auf Olcotts theosophisch geprägten *Katechismus* verfaßte Friedrich Zimmermann (1851-1917) unter dem Pseudonym Subhadra Bikshu 1888 einen auf Pâli-Quellen fußenden *Buddhistischen Katechismus.* Zimmermanns Katechismus wurde in mehrere europäische und asiatische Sprachen übersetzt und erfuhr bis 1921 14 Auflagen in Deutschland. Der Beginn der deutschen buddhistischen Bewegung kann mit diesem Werk angesetzt werden." (Baumann 1995a:49). Der Titel des Buches zeigt schon, dass hier dem Verständnis des westlichen (christlich geprägten) Lesers entgegengekommen wurde, dies zeigt sich auch sonst in Diktion und Übersetzungsarbeit und bestimmte die inhaltliche Vermittlung, die auch auf Breitenwirkung abzielte.

Eine erste systematische Darstellung des Buddhismus in deutscher Sprache stammt aus der Feder des Berliner Historikers Karl Friedrich Köppen (1808-1863), der auch mit Karl Marx freundschaftlichen Umgang pflegte und in puncto Religion durchaus dessen Geisteshaltung teilte. 1857 erschien Köppens Werk unter dem Titel „Die Religion des Buddha und ihre Entstehung". Letztlich tendierte seine vehement religionskritische Interpretation der buddhistischen Lehre in Richtung eines Nihilismus (Näheres bei Zotz 1986:60-66). Eine – im deutschen Sprachraum schon buchstäblich althergebrachte - Sichtweise, die jedoch auch fortan immer wieder aufgekommen ist bzw. aufgenommen wurde.

4.1. Österreich: Karl Eugen Neumann

Karl Eugen Neumann sprach mit seinen poetisch-schöpferischen Übertragungen des Pâli-Kanons weite Kreise von Intellektuellen, Schriftstellern, Künstlern oder Freiberuflern an, die als Multiplikatoren bis in die akademische Mittelschicht, unter Angestellten und im Beamtentum Gehör und Anklang fanden und dort auch eine breit gestreute Trägerschaft buddhistischen Gedankenguts ausbildeten. Es konstituierten sich die ersten Organisationen, beginnend mit dem „Buddhistischen Missionsverein in Deutschland", 1903 von Karl Seidenstücker ins Leben gerufen und 1906 in „Buddhistische Gesellschaft in Deutschland" umbenannt und bis 1911 fortbestehend. Seidenstücker (1876-1936) war Indologe und Pâli-Übersetzer. Er war Sohn eines protestantischen Oberpfarrers und als Knabe soll er visionäre Erlebnisse gehabt haben. Nach Hecker war „Seidenstücker [...] außer Neumann der einzige Indologe, der selber Buddhist war" (Hecker 1996:160).

Was Hecker interessanterweise verschweigt, ist, dass Seidenstücker wie andere Buddhisten der ersten Stunde, in seinen letzten Lebensjahren dem Katholizismus zugetan war und diesen auch praktiziert hatte. Als junger Mann veröffentlichte er noch derart aggressive Kritiken am Christentum, dass er sie unter einem Pseudonym herausbrachte. Auch später war er Polemiken nicht abgeneigt. Er wurde zu einem Anhänger der Grimm'schen Buddhismus-Interpretation und neigte dem Mahâyâna zu (vom Theravâda sprach er pejorativ als von „Siamesismus"). Er überwarf sich mit Walter Markgraf, mit dem er 1909 die Deutsche Pâli-Gesellschaft ins Leben gerufen hatte. Gleichfalls Gründungsmitglieder waren die Ärzte Wolfgang Bohn und Carl Strünckmann, die in der Folge beide vom Buddhismus ab- und wieder auf das Christentum zugingen: „Daß ihre maßgeblichen Gründer sich wieder dem Christentum zuwandten, scheint in der buddhistischen Bewegung des deutschen Sprachraums, soweit sie überhaupt die eigene Geschichte reflektiert, bis heute ein ebensolches Tabu-Thema zu sein wie der Rassismus, der sich leitmotivisch als konstituierendes Element durch die Anfangszeit zieht" (Zotz 2000:155).

Markgraf beabsichtigte eine Gründung eines Klosters in der Theravâda-Tradition, was ihn mit Nyânatiloka zusammenbrachte. Seidenstücker trat eher für einen nicht-mönchischen Buddhismus ein. Die Pâli-Gesellschaft verließ er 1911 nicht zuletzt wegen der Frage, ob eine monastische oder laienbezogene Orientierung die rechte sei. In der ersten Phase von Organisationsformierungen war eine gewisse deutsche „Vereinsmeierei" hemmend und es kam zu Gründungen, Spaltungen, Zerwürfnissen und Versöhnungen, deren Konturen ich hier nicht im einzelnen nachzeichnen kann. „Ohne verbindende Praxis konkurrierten unterschiedliche Interpretationen der Lehre und vielerlei Entwürfe, wie die entsprechend empfundener Erfordernisse idealisierte Lehre aus dem Osten die Leiden des Abendlandes lindern sollte" (Zotz 2000:152-3). Karl Eugen Neumann dürfte, laut dem ausgesprochen genauen Chronisten Hellmuth Hecker, „der erste Österreicher, der sich zur Lehre des Buddha bekannte, [...] gewesen sein" (Hecker 1993a:16), ja, er ist „soweit bekannt, der erste deutsche Buddhist im eigentlichen Wortsinne gewesen" (Hecker 1993b:23). Die Geschichtsschreibung des Buddhismus in Österreich nimmt mit dieser Persönlichkeit seinen Anfang. 1884 Buddhist geworden, lebte er ab Herbst 1894 nach längeren Auslandsaufenthalten und einem Indologiestudium in Wien, um sich seinem Lebenswerk, der Übersetzung des Pâli-Kanons, zu widmen. Hecker sieht Neumanns Arbeit in einem guten Licht: „Bis in die Gegenwart ist Neumanns Übersetzung, obwohl sie nicht vollkommen ist, bisher die einzige geblieben, die Stil und Geist des Buddha wirklich nahegekommen ist. Niemand außer Neumann hat die Mittlere und Längere Sammlung und die Lieder der Mönche und Nonnen seitdem wieder vollständig übersetzt" (Hecker 1996:129). Wie immer man auch seine Wiedergabe des Kanons einschätzt, von enormer Strahlkraft war sie allemal: „Wenn auch seine Übertragungen heute von Buddhologen kritisiert werden, so waren sie doch vor allem eines – inspirierend. Die Zahl jener Buddhisten, Schriftsteller, Künstler usw. die von seinen Übersetzungen angeregt und begeistert wurden, ist nicht mehr faßbar. Hugo von Hofmannsthal, Maurice Maeterlink, Gerhard Hauptmann, Romain Rolland, der Nobelpreisträger Karl Gjellerup, Rilke, Meyrink, Bernard Shaw, Thomas Mann, Hermann Hesse, Hermann Bahr, Stefan Zweig setzten sich, teils zustimmend, teils ablehnend mit den Buddha-Lehren auseinander" (Ritter 1993:4). Im Österreich der Jahrhundertwende könnte man demgemäß von einem „literarischen Salon-Buddhismus" sprechen.

Die „buddhisierende Dichtung", die ab den 1880er Jahren bis über das Fin de Siècle hinaus aufblüht, „erscheint als Teil der modernen neuromantischen Strömung in der ganzen europäischen Literatur. [...] In der deutschen Literatur erinnert diese moderne buddhisierende Romantik [...] an die alte aus der Zeit vor hundert Jahren. Sie erscheint sogar als Weiterführung derselben. Die Träume der alten Dichter sind in der Poesie der neuen zu einer Weltanschauung geworden. [...] Die neuen Buddhisten sind [...] ebensoviel Aufklärer als sie Romantiker sind. Sie schreiben, um ihre Leser auf den 'Wahrheitspfad' zu bringen; sie wollen erziehen, sie verkünden hauptsächlich eine souveräne Herrschaft des menschlichen Verstandes“ (Slepčević 1920:113). Damit setzen sie sich aber auch gegen die antithetisch gegen die Aufklärung stehenden „alten” Romantiker ab und liegen im Trend, den Buddhismus als rational und „wissenschaftlich” darzubieten. Die „aufklärerische” Schreibabsicht verweist gleichzeitig darauf, dass das faktische Wissen um den Buddhismus gestiegen und absorbiert worden ist. Das verdankt sich nicht zuletzt den intensivierten Pâli-Studien und Werk und Wirkung Neumanns.

Hermann Hesse lobte Neumann's Übersetzung und fand deren Wörtlichkeit und die „endlosen Wiederholungen”[7] angemessen, da Buddha's Reden als Beispiele für Meditationen aufzufassen seien, und „das meditiernde Denken eben ist es, was wir bei ihnen lernen können.” (Hesse 1980:232). Im Vergleich zu den Übertragungen von Oldenburg seien Neumanns „im Ton ihm überlegen, in der Musik und Rhythmik, im stillen eindringlichen Gleichfluß der Sätze. [...] Neumann [ist] in die Stimmung, in die Atmosphäre dieser Reden tiefer, frömmer, inniger eingedrungen.” (Hesse 1980:234). Hesse war sich außerdem der zwei Extreme seiner Zeitgenossen in ihren Haltungen gegenüber dem Buddhismus voll bewusst: die einen erwarteten sich eine geistige „Auffrischung vom Gegenpole” her, eine Korrektur ihrer hochgetriebenen Einseitigkeit in bezug auf wissenschaftliches Spezialistentum und Intellektualismus. „Wir haben erfahren, daß der Mensch seinen Intellekt bis zu erstaunlichen Leistungen kultivieren kann, ohne dadurch der eigenen Seele Herr zu werden [...]”. Die anderen hingegen schürten eine Angst vor einer Überschwemmung durch asiatische Religionslehren und dem Untergang des geistigen Abendlandes und Schaden, den man davon nehmen könne, und demonstrierten eine entsprechende Ablehnung. Dazu meint Hesse lapidar: „Die Warnungen vor dem gefährlichen 'Osten', die wir zur Zeit so häufig vernehmen, stammen alle von Lagern, die Partei sind, die ein Dogma, eine Sekte, ein Rezept zu hüten haben” (Hesse 1980:232 u. 237).

„Der 'Neumann' war für Jahrzehnte das buddhistische Standardwerk, auf das sich viele immer wieder bezogen.” (Ritter 1993:4). Zu seinen Lebzeiten – und er starb tragisch früh an Lungenentzündung 1915 an seinem 50. Ge-

[7] Die Repetitionen sind freilich auch als mnemotechnische Mittel bei der oralen Weitergabe zu verstehen. Sie sind dann einfach bei der schriftlichen Fixierung beibehalten worden.

burtstag – hatte Neumann in Österreich nur zwei Buddhisten gekannt: Heinrich Hugo Karny (1886-1937) und Ernst Hirsch aka Reinhold. Karny war promovierter Mediziner und Philosoph, wirkte als Arzt und Gymnasiallehrer, und war ab 1920 viele Jahre in Batavia/Indonesien. Zeitweise war er auch protokollarischer Sekretär der „Mahabodhigesellschaft" (Deutscher Zweig) nach deren Gründung 1911 in Leipzig. Reinhold war Schauspieler und hatte Neumann 1911 kennengelernt, den er fortan etwa wöchentlich traf, um über die Lehre des Buddha zu sprechen. Aus der Zeit der k.u.k Monarchie gibt es sonst nur vereinzelte Namen von Leuten, die mit dem Buddhismus in Verbindung gebracht werden oder die sich zu ihm bekannten. Erwähnt sei Arthur Fritz aus Graz, der 1913 in Ceylon in einen Orden eintrat und den Mönchsnamen Sono erhielt. Im ersten Weltkrieg wurde er interniert, 1916 verscholl er in Java. „Er dürfte vor dem 1. Weltkrieg der erste und einzige Österreicher gewesen sein, der Bikkhu wurde." (Hecker 1993a:17). Von ersten Sammelbewegungen kann in Österreich in dieser Phase also keine Rede sein. Vielmehr müßte man von einem ersten Auftritt von Einzelpersönlichkeiten sprechen. Allen voran ist Neumann zu nennen, dessen Übersetzungen im Wien der Jahrhundertwende große Ausstrahlungskraft hatten und Denkanregungen für Intellektuelle und Künstler boten.
International hatte der Buddhismus vermehrt Aufmerksamkeit auf sich gezogen durch das Auftreten Anagârika Dharmapala's auf dem „Weltparlament der Religionen" (1893) in Chicago. Dharmapala verschrieb sich der Theosophie und dem Buddhismus, dem er sowohl eine universale Gestalt geben wollte wie auch neue Kraft und revitalisierte Form in Indien und Ceylon. Zu diesem Zweck gründete er 1891 die erste internationale buddhistische Organisation, die Maha Bodhi Society in Colombo, mit Zweigstellen in den USA und mehreren europäischen Ländern, u.a. auch in Deutschland.

4.2. Morgenlandfahrer

Mit Pioniergeist begabte Europäer gingen nach Asien, um vor Ort den Buddhismus zu studieren und zu praktizieren, unter ihnen der Musiker Anton W. F. Gueth (1878-1957), der als erster Deutscher 1904 in Burma die volle Ordination als buddhistischer Mönch und den Namen Nyâna-ti-loka („Kenner der drei Welten") erhielt. Nach Ceylon zurückgekehrt, begann er eine ausgedehnte Tätigkeit als Übersetzer aus dem Pâli-Kanon und Verfasser buddhistischer „Lebensanleitungen". 1911 gründete er die auf einer Insel gelegene Mönchs-Einsiedelei Polgasduwa, die Rückzugs- und Ausbildungsort für viele europäische Aspiranten aus einem monastischen Buddhismus wurde. Der Einfluss deutscher Mönche aus Asien in ihrem Mutterland war zu jener Zeit unüberschätzbar, auch in der Übergewichtung der Theravâda-Tradition, die als die reine Lehre galt im Gegensatz zum „degenerierten" Mahâyâna-Buddhismus. Der Versuch analog zu lebensreformerischen Kommunen ein buddhistisches Mönchskloster, ein *Vihâro*, in Deutschland zu errichten, scheiterte. Mit dem Ausbruch des Ersten Weltkrieges begann für Nyânatiloka eine zwölfjährige Odyssee, bevor er wieder nach Ceylon zurückkehren konnte. Er war bis 1916 in Australien interniert, konnte dann in die USA (Hawaii) reisen. Es verschlug ihn im weiteren über China nach Japan, wo er von 1921 bis 1926 eine vielfältige Lehrtätigkeit an verschiedenen Universitäten entfaltete. Er (üb)erlebte das große Kantô-Erdbeben im Jahre 1923. Im Zweiten Weltkrieg landete er in einem Lager, in dem er u.a. Govinda und Heinrich Harrer „traf". 1952 siedelte er in das klimatisch gut erträgliche Kandy um, wo er eine „Forest Hermitage" genannte Einsiedelei gründete und bewohnte (siehe Hecker 1996:61-5). Neben seiner umfangreichen Übersetzertätigkeit war Nyânatiloka vor allem als Lehrer und Spiritus Rector eines bis nach Europa personell und ideell einflussreichen Sangha von nachhaltiger Wirkung: „Mehr als vierzig Mönchschüler nahm Nyanatiloka im Laufe seines Wirkens als Novizen an. Dazu kamen weitere Mönche, denen nicht er die Weihe erteilte, sowie Laienschüler, die nicht die vollen Gelübde ablegten, aber unter seiner Weisung asketisch lebten" (Zotz 2000:2173).

Obgleich Nyânatiloka während dem Gutteil seines Wirkens in Asien gelebt hatte, hatte er auch in der Schweiz pionierhaft gewirkt: er lebte im Winter 1909-10 bei Lugano und 1910/11 mehrere Monate in Lausanne in der Einsiedelei „Caritas Viharo", die der vermögende Gönner R. A. Bergier gestiftet hatte. Dort weihte er den aus München stammenden Bartel Bauer (1887-1940) zum Novizen. Dies sollte die erste Ordination auf europäischem Boden sein. Nach seiner Abreise nach Polgasduwa kehrte Nyânatiloka nicht mehr in die Schweiz zurück, wohl aber seine Schüler, darunter Nyânaponika (Siegmund Feniger 1901-1994), der auch ein meisterlicher Pâli-Übersetzer war. Bis in die 1940er Jahre gab es in der Schweiz dann keine nennenswerten buddhistischen Aktivitäten mehr (Baumann 1998:256-8).

Der Buddhismus war in dieser Epoche in bildungsbürgerlichen Kreisen eine intellektuelle Mode, die mit lebensreformerischem Gedankengut, Vegetarismus, Tierschutz und Friedensbewegungen Überschneidungen aufwies. Der Buddhismus wurde als Religion der Vernunft präsentiert, die sich mit den Erkenntnissen der Naturwissenschaften und Psychologie in Übereinstimmung befand und eine edle ethische Lehre darstellte. Es kam zu Konversionen und Lesezirkeln, Vereine und Gemeinschaften hatten sich etabliert. „Der erste Weltkrieg 1914-1918 unterbrach die zahlenmäßig noch kleine Bewegung, auch die buddhistischen Zeitschriften stellten ihr Erscheinen ein. Dieses markiert das Ende der zweiten Rezeptionsphase" (Baumann 1995a:59).

5. Zwischenkriegszeit: Buddhologie und Privatzirkel

Die **dritte** Periode der Vermittlung und Aufnahme des Buddhismus begann nach dem ersten Weltkrieg 1918. Sie ist gekennzeichnet durch eine stärkere Ausrichtung auf den buddhistischen Laien und eine Anpassung der Lehre an europäische bzw. deutsche geistesgeschichtliche Verhältnisse und wurde somit auch als „deutsche Buddhologie" bezeichnet. Der „Bund für Buddhistisches Leben" hatte zwischen 1920 und 1928 (Auflösung) starke Ortsgruppen in München, Hamburg, Berlin und Breslau. Die Entwicklung war maßgeblich von Einzelpersönlichkeiten geprägt, allen voran Paul Dahlke und Georg Grimm.

5.1. Paul Dahlke und Georg Grimm u.a.

Der Berliner Arzt Paul Dahlke (1865-1928) hatte den Buddhismus schon 1900 vor Ort in Ceylon kennengelernt und vor allem in seinen letzten zehn Lebensjahren eine rege Tätigkeit als Pâli-Übersetzer und Publizist entfaltet. 1924 erbaute er das „Buddhistische Haus" in Berlin-Frohnau, das in der Folge auch einen Tempel enthielt, in dem buddhistische Andachtsfeiern abgehalten wurden. Dahlke war stark naturwissenschaftlich orientiert und sah im Buddhismus eine nüchterne Wirklichkeitslehre, die mit der Illusion eines substantiellen „Ich" aufräumt. Er betonte die Kompatibilität des Buddhismus mit der modernen (Natur)Wissenschaft und ihrer Rationalität – Argumente für diese Religion, die von westlichen Intellektuellen immer wieder ins Treffen geführt werden sollten. Seine Intepretation nannte Dahlke „Neubuddhismus" und stand damit im Gegensatz zur „Altbuddhismus" genannten Gruppe um Georg Grimm. Grund des „Schismas" war die Diskussion um die *anattâ*-Doktrin.

Georg Grimm (1868-1945) hatte ein katholisches Priesterseminar besucht und schon die niederen Weihen empfangen, als er dort austrat und ein Jurastudium in München aufnahm (1889) und abschloss (Hecker 1996:38). Möglicherweise hat diese katholische Episode sein Buddhismusbild mitgeprägt. Später bezeichnete er indes Schopenhauer als seinen Lehrmeister, dessen Konterfei zeitlebens über seinem Schreibtisch hing. Die Übersetzungen Neumanns, die ihn tief ergriffen hatten, waren der entscheidende Impetus für eine intensive und später ausgiebige publizistische Auseinandersetzung mit der Lehre Buddhas, die so weit ging, dass Grimm auch Pâi lernte. Er war allerdings am frühen Buddhismus vor der Abfassung des Pâli-Kanons interessiert und sah in der Lehre vom Nicht-Ich/Nicht-Selbst (*anattâ*) eine spätere Fehlauslegung. Er war der Auffassung, dass es einen transzendentalen Kern jenseits der allen Wandlungen unterworfenen Daseinsaggregate gab, was einem „Seelenkonzept" verdächtig nahekommt und bei dem jeder Mystik abgeneigten Dahlke auf Widerspruch stieß. 1921 hatte Grimm mit Karl Seidenstücker die „Buddhistische Gemeinde für Deutschland" gegründet, die er 1924 ungeschickterweise zur „Buddhistischen Loge zu den drei Juwelen" umbenannte, womit sie 1934 konsequenterweise unter das Freimaurerverbot geriet und als illegal erklärt wurde, fortan jedoch als „Altbuddhistische Gemeinde" (1935) weitermachte.

„Unter inhaltlichem Gesichtspunkt begegnen uns mit Grimm und Dahlke zwei extreme Ansichten, die der Buddhismus als ‘mittlerer Weg’ seit seinen Anfängen vermeiden wollte, der Eternalismus (nityavâda, sâsvatadrsti), der von der Unzerstörbarkeit des Wesens ausgeht, und der Nihilismus (ucchedadrsti), der die vollkommene Hinfälligkeit und Vernichtung lehrt [...] Anhaltend bleiben westliche Ansätze in Philosophie, Wissenschaft und Bestrebungen, Buddhismus als Religion oder Weltanschauung zu propagieren, von Suggestivfragen und Projektionen bekannter Muster geprägt" (Zotz 1996:290).

Die Zwischenkriegszeit war gesamtperspektivisch gesehen wohl eine Periode der Stagnation in der Weiterverbreitung des Buddhismus in Deutschland. Dazu bemerkt Zotz, dass „Dahlke und Grimm eine große persönliche Faszination auf ihre Anhängerschaft aus[übten], die zum großen Teile sektiererisch und unbeweglich an den Standpunkten ihrer Meister festhielten. Dieser Umstand, das Fehlen neuer derart dominierender Persönlichkeiten, vielleicht auch Unsicherheiten bezüglich der unversöhnlich scheinenden Interpretationsmodelle ließen die buddhistische Bewegung in der Folge stagnieren" (Zotz 1986:106). Dass sich die Alt- bzw. Neubuddhisten überdies „heftig bekämpften", Dahlke auf Keyserling den Eindruck eines „fanatischen Sektie-

rers" (Glasenapp 1960:227 u. 225) gemacht hatte, dürfte nicht zu einem attraktiven Bild in der Öffentlichkeit beigetragen haben. Keyserling selbst hat hingegen in seinem zu jener Zeit vielgelesenen „Reisetagebuch eines Philosophen" ein durchaus einfühlsames und sympathisches, Licht und Schatten ebenmäßig verteilendes Bild des Buddhismus entworfen. Als religiöses „Genie" sah er den Buddha, „der seine Lehre so meisterhaft formuliert [hat], daß sie von den Seelen ihrer Bekenner wirklich Besitz ergriffen hat. Auf dem Wege einfacher, jedermann faßlicher Sätze und Vorschriften hat er tiefste Weisheit in das Gemüt des kleinen Mannes hineingesenkt [...]". Und: „Im Buddhismus hat das allgemein indische Ideal des Détachements seine äußerste historische Verwirklichung erfahren" (Keyserling 1922:52 u. 61).
Dass im Buddhismus keine *amor militans* herrsche, unterscheide ihn wesentlich vom Christentum (das Keyserling in diesem Punkt – nicht unähnlich Žižek – allerdings höher schätzt), doch kommt er zu einer abwägenden Conclusio, die mit jener von Glasenapp in einer kritischen Passage zu Albert Schweitzers negativer Pauschalabwertung der indischen Religionen als „welt- und lebensverneinend", in Gleichstimmung liegt: „Die abendländische Art, den Mitmenschen gegen ihren Willen Wohltaten aufzudrängen, hat oft unendlichen Schaden angerichtet. Wieviel mehr Nutzen haben da die scheinbar untätigen Heiligen gestiftet, die ungewollt durch ihr friedliches Dasein und ihr Beispiel viele getröstet und zu einem sittlichen Leben angehalten haben. Wer je in Indien oder in Ostasien Gelegenheit gehabt hat, Asketen von tiefem Ernst und hoher Gesinnung kennenzulernen, der begreift, warum der Osten dem weltentsagenden Klausner zu allen Zeiten einen so hohen Rang in der Geschichte der sittlichen Erziehung des Menschengeschlechts zuerkannt hat" (Glasenapp 1960:151).
Neben Grimm und Dahlke trat der unter dem Namen Tao Chün 1933 in China ordinierte Martin Steinke (1882-1966) hervor, der 1922 in Berlin die „Gemeinde um Buddha e.V." gegründet hatte und ab 1934 wieder in Berlin/Lichterfelde ansässig und buddhistisch (auch international) aktiv war. Er machte Vorträge, erklärte ein Holzhaus zum *Vihâro* und war daran interessiert, die buddhistische Lehre praktisch vorzuleben und umzusetzen. 1941 wurde er kurzfristig von der Gestapo verhaftet, buddhistisches Wirken wurde ihm verboten. Nach dem Zweiten Weltkrieg nahm er seine Tätigkeiten um-

gehend und publikumswirksam wieder auf. Er hatte keine „Schule" gegründet wie Grimm oder Dahlke, dürfte aber eine gewinnende, eindrucksvolle Ausstrahlung gehabt haben und zählte Prominente wie Sergiu Celibidache und Carl Friedrich v. Weizsäcker zu seinen Freunden (Hecker 1996:186f.).
Eine leicht kuriose Randfigur stellt Bruno Petzold (1873-1949) dar. Ab 1910 lebte er in Japan und ließ sich dort 1920 zum Laienmönch der Tendai-Schule weihen. 1929 wurde von ihm und seinen japanischen buddhologischen Mentoren, Adeligen und Politikern eine „Deutsch-Japanische Gesellschaft für Buddhismusforschung" mit Sitz in Tokyo ins Leben gerufen. Sie sollte Träger einer „Mahâyâna-Akademie" werden und letztlich mahâyâna-buddhistisches Gedankengut in Deutschland verbreiten helfen. Petzold war vornehmlich an der Forschung interessiert und hat einen großen Korpus an Schriften hinterlassen. Die japanische Seite dachte weniger an eine geistige Verbrüderung oder interreligiösen Dialog wie Petzold, sondern, vom Zeitgeist vergiftet, mehr an eine nationalistische Überseemission, weshalb es zum Bruch kam und aus dem Projekt nie wirklich etwas geworden ist. Petzold war jeder Diktatur und Einschränkungen von Freiheiten abhold und tat dies auch in der deutschen Gemeinde Japans, in der es freilich auch Nazi-Sympathisanten gab, kund. Er trat 1933 sogar aus der OAG aus, die via Vorträge und Publikationen durchaus auch ein Forum für die Verbreitung von Kenntnissen über den Buddhismus geboten hatte.
Die OAG (Deutsche Gesellschaft für Natur- und Völkerkunde Ostasiens) war 1873 von deutschen Gelehrten und Kaufleuten gegründet worden. In den 1930er Jahren gingen maßgebliche Mitglieder auf nationalsozialistischen Kurs, was neben Petzold zum Austritt von z.T. prominenten jüdischen Mitgliedern führte. Petzold konzentrierte sich weiter unermüdlich auf seine buddhistischen Studien und Publikationen (Näheres in: Schauwecker 2009a, 2009b). Der österreichische buddhistische Verlag Octopus gab seine erstmals 1936 erschienene Studie zu Goethe und dem Mahâyâna-Buddhismus wieder heraus. In ihr unternimmt er waghalsige Parallelisierungen und unter unerschrockener Anwendung christlich-theologischer Begrifflichkeit versucht er vor allem im naturphilosophischen Denken Goethes Analoges zu mahâyânistischem Lehrgut zu finden. Er bringt einen religionsphilosophischen Begriff ins Spiel, der als Etikett zur Charakterisierung des Buddhismus auch fortan

dienstbar gemacht wurde und eine Abgrenzung zu einem, dem Buddhismus unterschobenen, „Spinozismus" bietet: „Suchen wir nach einem in der theologischen Terminologie anerkannten Kunstwort, um die Religion Goethes zu charakterisieren, so werden wir sie nicht als Pantheismus im strengen Sinne, wohl aber als *Panentheismus* bezeichnen dürfen, das heißt als eine Lehre, nach der 'Alles in Gott' [...] sich befindet. Das heißt: Die Natur ist in Gott, und Gott ist auch in der Natur; aber er geht nicht restlos in ihr auf, sondern über sie hinaus. Diese Auffassung trennte Goethe von Jacobi, der Gott in der Natur nicht zu finden vermochte, dem die Natur seinen Gott verbarg. Sie unterschied ihn auch von Spinoza, für den Gott und Natur schlechthin zusammenfielen. Sie gesellte ihn aber aufs Innigste zu Schelling, der einem Pantheismus huldigte, welcher die Möglichkeit der Freiheit und des Fortschrittes oder dessen, was Goethe Steigerung nennt, gewährleistet und die gleichzeitige Immanenz und Transzendenz Gottes anerkennt. Auch der Mahâyâna Buddhismus in seiner reinsten und vollendetsten Ausgestaltung ist Panentheismus" (Petzold 1982:42-3).

5.2. Erste Zen-Vorstellung

„Das erste Buch über Zen in deutscher Sprache erschien im Jahre 1925. Der Titel lautete: *Zen – Der lebendige Buddhismus in Japan*. Das Buch bietet in Übersetzung ausgewählter Zen-Texte, vorab Stücke aus den zwei wichtigen chinesischen Kôan-Sammlungen *Hekiganroku* und *Mumonkan*. Übersetzung, Einleitung und Erklärung stammen von dem japanischen Zen-Buddhisten Ôhasama Shûei, einem Laien und Universtitätsprofessor aus der Rinzai-Schule. Beim sprachlichen und inhaltlichen Zuschnitt auf das deutsche Leserpublikum half der junge deutsche Gelehrte August Faust. Rudolf Otto – und dies ist ein wichtiger Umstand bei dieser ersten literarischen Vorstellung des Zen in Deutschland – verfaßte ein Geleitwort. Während die Übersetzungen heute überholt sind, ist Rudolf Ottos Geleitwort immer noch lesenswert, ebenso wie sein späterer Aufsatz 'Das numinose Erlebnis im Zazen', der in die 1931 erschienene Essay-Sammlung Ottos mit dem Titel *Das Gefühl des Überweltlichen – Sensus Numinis* aufgenommen wurde" (Dumoulin 1976:10). Damit wurde Zen in Deutschland zum ersten Mal vorgestellt. 1918 hatte zwar ein anderer Religionswissenschaftler, Friedrich Heiler, in sei-

ner Studie über urbuddhistische Versenkungsmethoden Zen erwähnt, sich aber in guter Tradition seit Eugène Burnouf mit den mutmaßlich ursprünglicheren, „reineren" Theravâda-Formen der Kontemplation oder Sammlung (Skt.*dhyâna*) befasst. Dazu zog er vor allem das Satipatthânasutra zu Rate (Heiler 1918:13). Den Zen-Buddhismus wertet Heiler insgesamt als degenerierte Psychotechnik ab, er spricht gar von einem „geistlosen, stumpfen Vorsichhinstarren" (Heiler 1918:50). Die buddhistischen Versenkungsmethoden erkennt er aber als genuine Mystik und eröffnet komparative Perspektiven. Letztlich bleibt er aber zutiefst seinem Credo verhaftet: „Dennoch vermag alle Geistigkeit und Schönheit der morgenländischen und abendländischen Mystik in mir den Glauben an die innere Überlegenheit der christlichen, d. h. biblischen, prophetisch-evangelischen Frömmigkeit nicht zu erschüttern" (Heiler 1918:67-8). In den Kontext dieser Deklaration verpackt Heiler dann auch eine subtile Kritik an der in Mode gekommenen Heilssuche in östlichen Lehren und der „modernen europäischen" Buddhaverehrung.
Rudolf Otto hatte den Zen als eine Form der negativen Theologie erkannt und ihn auch der Mystik zugeordnet. Er betonte den Erfahrungscharakter und die einspitzige Ausrichtung auf das „Ganz Andere", das Transrational-Übersprachliche. Aber er sah auch die charakteristische mahâyânistische Seite des Zen: die praktische Orientierung und die Bewährung der Übung im Alltag, wie er in einer trefflichen Formel festhält: „ [...] es ist nicht weltaufhebend, sondern weltverklärend" (Otto 1932:247).

5.3. Nazi-Umnachtung

Mit der Machtübernahme der Nationalsozialisten 1933 wurden buddhistische Aktivitäten zunehmend erschwert und auf private Zirkel beschränkt, bis sie schließlich zum Erliegen kamen. Die Verfolgung deutscher Buddhisten verlief insgesamt „glimpflich", außer bei jenen jüdischer Herkunft, die inhaftiert, deportiert oder zur Emigration gezwungen worden waren. Buddhisten galten als „Sonderlinge" und „Pazifisten". „An irgendwelchen Widerstand gegen das herrschende Regime oder gar an einen organisierten Widerstand war nicht zu denken. Die Buddhisten waren ja selber nicht organisiert. Hauptträger der buddhistischen Idee waren [...] kleine und kleinste Gruppen. So ist es auch bis in die 60er Jahre in Deutschland und Österreich geblieben. Selbst

heute ist die Lehre des Buddha im strengen Sinne eine Lehre für Einzelgänger" (Helmut Klar in Baumann 1995b:31-32).
Die dritte Phase war immer noch von einer Konzentration auf den Pâli-Kanon und einem kognitiv-rationalen Zugang dominiert. Daneben gab es in „Gemeinden" und ersten „Kultstätten" Ansätze eines religiösen Lebens mit Exerzitien, Feiern und damit devotional-emotionalen Elementen. Die Nazi-Herrschaft überschattete diese Periode allerdings in düsterer und existenzbedrohlicher Weise. Aus Österreich heißt es aus der Zwischenkriegszeit: „Zwischen den beiden Weltkriegen gab es in Wien (von anderen hat man keine Nachricht) kleine buddhistische Zirkel, die sich nicht weiter organisierten, sondern in lockerer Abfolge trafen. Ein Mann ragt in dieser Zeit als Lehrer hervor – Dr. Anton Kropatsch, ein Schüler von Paul Dahlke. Er gab die Lehre insbesondere in der Zeit von 1935 bis 1945 weiter; die nachfolgende Generation Dr. Oprchal und Fritz Hungerleider berief sich auf ihn." (Ritter 1993:5).
Reinhold war bis zu seiner aufgrund seiner jüdischen Herkunft erzwungenen Emigration 1939 nach London buddhistisch aktiv. Daneben bestand ein „Bund für buddhistisches Leben" (1912-1928) und 1923 wurde von Axel Grasel, einem Mitglied dieser Gruppe, eine Buddhistische Gesellschaft in Wien gegründet. 1926 bildete sich ein Kommittee zur Gründung einer „Österreichischen Paligesellschaft". Sonst gab es Vortragstätigkeit, vereinzelte Publikationen und noch vereinzeltere Versuche bei internationalen Organisationen oder Kongressen aufzuscheinen (Näheres bei Hecker 1993a:18). Immer noch blieb das buddhistische Leben auf Privatniveau – Einzelpersonen und kleine Gruppen. Erich Skrleta spricht bei der Zwischenkriegszeit trefflich von „Wohnzimmer-Buddhisten" – die Auseinandersetzung fand auf philosophisch-intellektueller Ebene und ohne religiöse Praxis statt.

5.4. Schweizer Interludium

Die Schweiz blieb von den Weltkriegen weitgehend verschont und 1942 kam es zum mutmaßlich ersten organisatorischen Zusammenschluss von Buddhisten in der Schweiz mit der Gründung der „Buddhistischen Gemeinschaft Zürich". Der eingebürgerte gebürtige Südtiroler Max Ladner (1889-1963) war eine der treibenden Kräfte und der Zirkel traf sich auch zumeist bei ihm zu

Hause. Die Gemeinschaft orientierte sich am Pâli-Kanon, gab zwischen 1943-47 Mitteilungen heraus und 1948-1961 die buddhistische Zeitschrift „Einsicht". Im Verleger Paul Christiani (1901-1974) hatte die Gemeinschaft einen tatkräftigen Multiplikator: ab 1952 erschien im Christiani-Verlag die „Buddhistische Handbibliothek". Angeführt sei noch der Maler Peter Voltz (1910-1978), dessen entlegene Residenz im Tessin zu einem Treffpunkt von (deutschsprachigen) Buddhisten wurde: Hellmuth Hecker verbrachte regelmäßig seinen Sommerurlaub bei Voltz und vermittelte viele Kontakte (Baumann 1998:260). Die nächsten bedeutsamen buddhistischen Entwicklungen entfalteten sich in den 1960er Jahren, als die Schweiz rasch nach der Massenexilierung ca. tausend tibetische Flüchtlinge aufnahm – ihnen sollten in den nächsten zehn Jahren weitere tausend Tibeter folgen.

6. 1946 bis Anfang der 1960er Jahre: Wiederaufbau und Organisationsbildung

Die **vierte** Phase der Buddhismusrezeption ist mit „Wiederaufbau und Neuanfänge" gut umschrieben. Neue Kreise und Gemeinden wurden gegründet, alte reaktiviert und in der Nazi-Zeit verbotene Gruppen, so z. B. die „Altbuddhistische Gemeinde" (ABG), wurden wieder ins Leben gerufen. Eine erste organisatorische Diversifizierung zeichnet sich ab, unter den vielen Neugründungen sei das „Buddhistische Seminar für Seinskunde" erwähnt, das von Paul Debes (1906-2004) errichtet worden war. Debes entfaltete umfangreiche Tätigkeiten von Vorträgen, Seminaren bis zu „Forschungs- und Besinnungswochen". In der Folge wurden buddhistische Kreise in zahlreichen deutschen Großstädten etabliert, die von Akademikern und engagierten Laien getragen wurden und ein gestreutes Publikum unter Angestellten, Lehrern, Ärzten, Kaufleuten und dem bürgerlich-liberalen Milieu fanden. Bis weit in die 70er Jahre blieb das „Buddhistische Seminar" die größte buddhistische Gruppe in Deutschland.

Mehrere Anläufe, die buddhistischen Organisationen unter eine Pagodenkuppel zu bringen, führten schließlich 1958 zum Dachverband „Deutsche Buddhistische Union" (DBU; www.buddhismus-deutschland.de), der fortan als Interessengemeinschaft die buddhistischen Gruppen vertritt. 1954 wurde neben München und Berlin in Hamburg eine Großstadt-Gemeinde, die „Buddhistische Gesellschaft Hamburg", konstituiert. 1962 wurde in Roseburg bei Hamburg das „Haus der Stille e.V." eingeweiht, das für alle Traditionen offen steht, vielfältige Veranstaltungen ermöglicht und Mönche beherbergt.

In der Wiederaufbauphase fanden erstmals mahâyâna-buddhistische Richtungen nach Deutschland: der 1933 von Lama Anagârika Govinda (1898-1985; eig. Ernst Hoffmann) in Indien gestiftete Orden „Ârya Maitreya Mandala" (AMM) kam 1952 durch Hans-Ulrich Rieker (1920-1979) in die Bundesrepublik. Die deutsche Zweigstelle in Berlin war das erste Zentrum, das sich vornehmlich dem Studium und der Verbreitung des tibetischen Buddhismus widmete (cf. Oldmeadow 2004:141). Der Zen-Buddhismus bekam durch das Büchlein *Zen in der Kunst des Bogenschießens* (1948) von Eugen Herrigel hohe und bleibende Bekanntheit.

Die gigantische Wirkungsgeschichte dieses Büchleins wird von einem japanischen Autor gründlich aufgerollt. Herrigel erhält dabei kein besonders schmeichelhaftes Charakterprofil, dessen dunkelste – und von ihm auch immer im Dunkeln gehaltene – Stelle seine Vergangenheit als aktiver Nazi-Mitläufer und Parteimitglied darstellt. Diese Problematik kann ich hier nicht weiter verfolgen, was vorliegend interessiert, ist seine Beziehung zum Zen, die mit seiner Freundschaft mit Ôhasama begonnen hat. Ôhasama hat von 1921 bis 1923 mit Herrigel und dessen Kollegen und Rivalen Faust u.a. unter Rückert in Heidelberg Philosophie studiert. Ôhasama war Laienschüler des Rinzai-Meisters Shaku Shûkatsu (1871-1954; dieser wiederum war Schüler des Rôshi Shaku Sôen, anglisiert: Soyen [1860-1919], dem Lehrer von D.T. Suzuki). Mit Recht darf Ôhasama als die Person gesehen werden, die Herrigel mit Zen bekannt gemacht hat (Yamada 2005:128). Herrigel war mithin schon mit bestimmten Vorstellungen über Zen 1924 nach Japan gekommen und war dort just einem Meister des japanischen Bogenschießens (Kyûdô) begegnet, der Kyûdô als Geistesschulung ansah und mit buddhistischen Interpretamenten zu unterrichten geneigt war, womit er aber in der Kyûdô-Szene eine absolute Randposition innehatte. Der Meister Awa Kenzô, der Herrigel im Bogenschießen unterweisen sollte, tendierte dazu, aus Kyûdô „eine Religon zu machen", Herrigel wiederum war auf der Suche nach Zen-Elementen: eine ideale Begegnung, um Missverständnisse zu gebären und diese dann – als solche unerkannt, weil erwünscht – zu mystifizieren, d.h. Zen dort hineinzulesen und zu finden, wo es gar nichts zu suchen hatte (Yamada 2005:109ff.).

Herrigel hat auch bei dem von Faust und Ôhasama herausgegebenen Buch korrigierende Mitarbeit geleistet, nach einigem Hin und Her aber auf die Nennung als Mitautor verzichtet. Faust war wesentlich akademischer orientiert als Herrigel, dessen mystische Neigungen seinem Stil nicht entsprachen (Yamada 2005:136). Diesem hatte er in seinem eigenen Buch dann ausreichend Lauf gelassen. Sprachverwirrung und Herrigelss Hang zur Mystik mit der entsprechenden Erwartungshaltung haben letztlich zu einer monumentalen Mystifizierung des japanischen Bogenschießens und zu seiner kulturalistischen Interpretation des Zen geführt. Z.B. soll das berühmte „Soeben hat 'Es' geschossen" (Herrigel 1982:66), das dann freudianisch auf das „Es" des Unbewussten oder Unterbewusstseins aufgeblasen und als Erleuchtungserfahrung im Stile des Zen ausgelegt wurde, einer Übersetzungskalamität und schlichten grammatikalischen Eigentümlichkeit des Deutschen (häufige Konstruktionen mit dem unpersönlichen „es") geschuldet sein: es findet sich kein Äquivalent im Japanischen und schon gar nichts Adäquates in der Geschichte des Kyûdô (eingehend im wiederum bezeichnenden Unterkapitel: „Die Geburtsstunde eines Mythos": Yamada 2005:74-90). Nichtsdestotrotz gilt Herrigel's Schrift bis dato im deutschen Sprachraum als vielgelesener Zen-Klassiker.

Zu Herrigels Schülerinnen zählte Gerta Ital, die schon in den 1960er Jahren zwei Kloster-Aufenthalte in Kyôto absolvierte, bei denen sie unter dem bekannten Rôshi Yamada Mumon tiefe Erfahrungen machte, die sie in zwei vielfach aufgelegten Erlebnisjournalen veröffentlicht hatte (Ital 1966 und 1982).[8]

1956 wurde von Harry Pieper (1907-1978) die erste japanische shin-buddhistische Gemeinde Europas in Berlin eingerichtet. Sie gehörte der Jôdô-Shinshû, Nishi-Honganji an und hielt sich bis 1967, als sie wegen Personenmangel aus der DBU ausschied.

Erwähnenswert ist die Zunahme von Besuchen und Langzeitresidenzen von asiatischen Lehrern und „Missionaren". Im Gegenzug reisten deutsche Buddhisten vermehrt in asiatische Länder, um an Ort und Stelle buddhistische Lehre und Meditation zu studieren. Dumoulin stellt dies in seiner Periodisierung für den Zen als vierte Phase unter den Titel „Pluralisierung der Vermittlung" (Dumoulin 1976:17). Dabei sind beide großen Zen-Schulen – Sôtô und Rinzai – und viele Meister mit verschiedenen auch persönlich gefärbten „Stilen" involviert, was das Bild des Zen dimensional erweitert.

„[...] 1964 leitete Fritz Hungerleider (geb. 1920) den ersten mehrtägigen Zen-Kurs in der Bundesrepublik. Dieses *Sesshin* bildete symbolisch den Auf-

[8] Frauen spiel(t)en eine gerne übersehene Rolle in der Vermittlung des Zen: Erwähnt sei hier noch eine Pionierin aus dem deutschen Sprachraum: die in Österreich geborene Ingrid Schlögl, die von 1962-74 ein Dutzend Jahre rigorosen Rinzai-Zen-Trainings in Kyôto durchlief, 1984 voll ordinierte Zen-Lehrerin wurde, in London lebte und eher orthodoxe Schriften zu Zen publizierte (Oldmeadow 2004:178).

takt zum einsetzenden Interesse an der meditativen Praxis des Buddhismus. Es soll daher das Ende der Phase 'Wiederaufbau' und den Beginn der fünften Phase, des 'Meditations-Buddhismus', markieren" (Baumann 1995a:76).

In dieser Phase hatte sich die Heterogenität und Pluralität des Buddhismus in Deutschland beträchtlich vergrößert: „Die Strukturen der Organisationen waren ebenso vielfältig wie unterschiedlich: neben Arbeitsgemeinschaften, Seminaren, Gesellschaften und Vereinen existierten religiös orientierte Gemeinschaften, Gemeinden und Orden.

Die fünf größten buddhistischen Gemeinden in der Bundesrepublik (ABG, AMM, BG Hamburg, BG Berlin, BG München) umfaßten 1962 etwa 620 eingetragene Mitglieder, ca. 2.000 Personen (Mitglieder und Freunde) waren durch in der DBU zusammengeschlossenen Gruppen vertreten. Der allgemeine Interessentenkreis an buddhistischer Lehre und Praxis dürfte weit über der Zahl von 5.000 bis 6.000 Personen gelegen haben, dieses zeigten schon die Auflagenzahlen zen-buddhistischer Literatur" (Baumann 1995a:77).

In Österreich nimmt der „Wiederaufbau" mit der Gründung der Buddhistischen Gesellschaft Wien (1947) schon kurz nach dem Krieg seinen sichtbaren Anfang.[9] Periodisierungen haben immer etwas Arbiträres an sich. Signifikante Eckdaten bieten sich als smarkierungen an, wenngleich die realen Übergänge und Entwicklungen als fließend und über mehrere Jahre Schwung holend anzusehen sind. Für Österreich würde ich die Periode des Neubeginns als bis zu den 70er Jahren ansetzen und vielleicht mit 1972 (Gründung der buddhistischen Buchhandlung Octopus) ein Datum als Fanal einer neuen Phase nennen, die in den nächsten zehn Jahren (bis zur Anerkennung des Buddhismus als Religion 1982) von Generationswechsel, Neu-Orientierung (vermehrte Praxis) und wesentlichen Neugründungen von buddhistischen Gemeinschaften und Zentren geprägt war. Mit der von Erich Skrleta ins Le-

[9] Bei einzelnen Daten konsultiere ich (z.T. ohne entsprechenden Einzelnachweis) die Zeittafeln in *Bodhi Baum* 18/2 (1993), 8-9 und in *Ursache & Wirkung, Sondernummer: Buddhismus in Österreich* (Herbst 1998), 8 und eine von Erich Skrleta in Arbeit befindliche Chronik, die er mir dankenswerterweise zur Verfügung stellte, wie er mir überhaupt als unerschöpfliche Auskunftsquelle mehrfach und quasi auf Abruf zu Diensten war und mich mit wichtigem Material versorgt hat. Ihm sei hier für seine Hilfestellungen meine besondere Wertschätzung und Dank ausgesprochen.

ben gerufenen Buchhandlung Octopus wurde zugleich eine Adressenkartei von buddhistisch Interessierten im deutschsprachigen Raum angelegt.
1949 bis 1955 ist Dr. Oprchal Präsident der Buddhistischen Gesellschaft, sein Nachfolger wird Fritz Hungerleider, der dieses Amt über zwanzig Jahre ausüben sollte. Die Gesellschaft war für alle buddhistischen Richtungen offen, schwerpunktmäßig aber immer noch auf den Theravâda-Buddhismus konzentriert. 1954 war der Patriarch der Jôdô-shinshû (Nishi Honganji), einer mahayanistischen japanischen Richtung des Reine-Land-Buddhismus, Kosho Ôtani, auf Besuch in Wien. 1973 kam dann der Dalai Lama nach Österreich und wurde auch von Kardinal König empfangen. 1975 wird das Buddhistische Zentrum Scheibbs errichtet, schon im folgenden Jahr findet dort die zweite Tagung der Buddhistischen Union Europas statt. 1976 wird auch ein Zentrum am Dannebergplatz in Wien eröffnet und Fritz Hungerleider tritt als Präsident der seit 1974 Buddhistische Gemeinschaft Österreichs (BGÖ) geheißenen Dachorganisation zurück. Im selben Jahr erscheint die erste Nummer der buddhistischen Zeitschrift *Bodhi Baum*. Die Doktoren Ernst Schönwiese und Walter Karwath waren maßgebliche Promotoren und auch regelmäßige Beitragsschreiber des Magazins. Dr. Karwath ist seit 1977 bis zu seinem Ableben 1986 Präsident der BGÖ. Er entfaltet eine rege Publikations- und Vortragstätigkeit und ist die treibende Kraft hinter der mit dem Advokaten und Poeten Dr. Albert Drach eingeleiteten und Ende 1982 erfolgreich durchgebrachten Anerkennung des Buddhismus als Religionsgemeinschaft.[10]

[10] Österreich ist das erste westliche Land, in dem eine Anerkennung als Religionsgemeinschaft erfolgte. Dies ermöglichte u.a. nicht nur die Abhaltung buddhistischen Religionsunterrichts an öffentlichen Schulen und die Errichtung von religiösen Bauten, sondern half auch, den Sekten-Verdacht zu entkräften.

7. 1960er und 1970er Jahre: Buddhismus in Gegenkultur und Praxis

Die **fünfte** Epoche des Buddhismus in Deutschland steht unter dem Zeichen und Zauberwort „Meditation". Von 1964-1977 setzt Baumann diese Phase an, die damit in eine Zeit gesellschaftlicher Umbrüche fällt, die sich auf das Interesse am Buddhismus insofern auswirkten, als alternativkulturelle, antibürgerliche, von Beat-Poesie und Hippietum inspirierte Kreise in der Suche nach Bewusstseinserweiterung und religiös-spirituellem Erleben aus erster Hand sich neben Yoga vor allem von der buddhistischen Meditationspraxis angezogen fühlten. Die Zunahme an Lehrangeboten und Publikationen, insbesondere Zen betreffend, strahlte darüber hinaus weit und breit in die gebildete Mittelschicht hinein. Wenngleich die Zahl der bekennenden Buddhisten im Vergleich zur vorhergehenden Phase nicht auffallend gestiegen ist, sollen Anfang der 70er Jahre schätzungsweise mindestens 20.000 Deutsche täglich im Stile des Zen meditieren (genaue Angaben in Baumann 1995a:85).

Die Schriften von Daisetz Teitaro Suzuki (1870-1966) trugen wie keine anderen zur Popularisierung des Zen bei.[11] Dumoulin sieht darin nach Rudolf Otto eine zweite Phase der Vermittlung des Zen (Dumoulin 1976:11). Die Interpretation des Zen durch D.T. Suzuki's in psychologischen Begriffen und als universeller Mystik, in deren Zentrum die Erfahrung der „Erleuchtung" (*satori*) oder des Erwachens zu einer neuen Wirklichkeit und personalen Ganzheit stehe, fand Anklang und Sanktion bei Psychoanalytikern wie Carl Gustav Jung und Erich Fromm. Suzuki's Emphase lag zentral auf der Erfahrung und Einsicht (*satori*) und dem paradox-überrationalen Charakter des Zen, wie es sich in der *kôan*-Übung[12] darstellt. Die Betonung der psychologi-

[11] Mit der Rezeption des Zen im deutschen Sprachraum habe ich mich in einer anderen Arbeit eingehend befasst (Herbert 2008). Ich greife bei den Exkursen zu Zen teilweise auf sie zurück, ohne im einzelnen auf sie zu verweisen.

[12] Kôan (jap. eigentlich „öffentlicher Aushang") sind überlieferte Episoden, Aussprüche von Zen-Meistern oder Dialoge zwischen Meister und Schüler, meist paradoxer Art, zuweilen auch einsilbiger, nonverbal-handgreiflicher Natur. „Etwa seit Mitte des 10. Jh. wurden Kôan im Zen systematisch als Mittel der Schulung eingesetzt. Da sich das Kôan jeder Lösung mit den Mitteln des Verstandes entzieht, macht des dem Zen-Schüler die Grenzen des Denkens deutlich und zwingt ihn schließlich, sie in einem intuitiven Sprung zu transzendieren, durch den er

schen Komponente dürfte dem Einfluß von William James, die *kôan*-Lastigkeit seiner Zugehörigkeit zur Rinzai-Schule geschuldet sein. Eine gewisse Einseitigkeit seines Zen-Bildes ist fraglos gegeben. Faure spricht in einer eingehenden Kritik am „Suzuki-Zen" u.a. von einer sektiererischen Schlagseite: Dôgen's Zen wird von ihm als „quietistisch" und „passiv" abgekanzelt und insofern verfälscht dargestellt, als es mit der chinesischen Nordschule des Chan in Verbindung gebracht wird, die auf die langsam-graduelle Erleuchtung setze, während für Rinzai die Plötzlichkeit des *satori* der Südschule kennzeichnend sei. Überhaupt wird von Suzuki die Sôtô Schule, die auf Dôgen Zenji zurückgeht, stiefmütterlich behandelt, ja weitgehend mit „auffallendem Schweigen" quittiert – eine klare sektiererische Voreingenommenheit (Faure 1993:55 u. 57).

Dabei fällt auf, dass sich die Schriften D.T. Suzukis erst in den späten 1950er und verstärkt in den 1960er Jahren en masse verkauften, obwohl er seit 1906 publizistisch tätig war. Seine Wirkung hängt nach meiner Ansicht zutiefst mit der Aufbruchsstimmung dieser Epoche zusammen, mit der sein Zen-Bild geradezu unheimlich stark in Resonanz trat. Was Dumoulin als dritte Phase („Beat-Zen, Psychotherapie, Esoterik") beschreibt, ist nicht zuletzt der Nachwirkung D.T. Suzuki's zuzuschreiben, der Zen anpreist als exotische, alternative Nicht-und-doch-Religion, die undogmatisch, anomisch, freiwüchsig und freigeistig profundes und bewusstseinsrevolutionierendes Erleben garantiert, das in Kunst und Alltag hineinwirkt und von psychischen Verbiegungen und einseitiger Intellektualität befreit. Zen wird von D.T. Suzuki als Remedium gegen die Malaise der westlichen (Geistes-)Kultur dargeboten, dessen Ingredienzen optimal auf den Zeitgeist abgeschmeckt sind. Zen passt sich ein in neue therapeutische Ansätze (ausgehend vom *Human Potential Movement* des von Michael Murphy gegründeten Esalen-Instituts, in das sich 1962 Albert Maslow, Begründer der humanistischen Psychologie, verirrt), bedient neo-romantische Bedürfnisse der New-Age-Bewegung[13], mit ihrem Hang zum Mystisch-Spirituellen und ihrer Skepsis gegenüber Technik, Naturwissenschaft und materiellem Fortschritt; gibt der Revolte gegen hergebrachte Wertvor-

sich in der Welt jenseits aller logischen Widersprüche und dualistischen Denkweisen wiederfindet." (Diener1996:122)

[13] Früh als solche identifiziert von Sebald 1985

stellungen und Konservatismen einen spirituellen Kick; fasziniert die psychodelische Generation, der Zen – nach dem Vorbild Aldous Huxley's oder Alan Watts' – als ein Mittel neben anderen (wie Mescalin, LSD) zur Bewusstseinssteigerung galt.

Exkurs: Zen und Psychoanalyse – und religionswissenschaftliche Einsprüche gegen die Psychologisierung des Zen[14]

Eine frühe und profunde Kritik der „Zen-Mode" hat der Kirchenhistoriker Ernst Benz ausformuliert. Er verweist auf Rudolf Otto und dessen Vorwort zur Anthologie von Ôhasama und Faust, das er als „klassisch" bezeichnet: „Es ist bedeutsam, daß in diesem Geleitwort der Forscher, der Zen als eine Religion und eine mystische religiöse Praxis entdeckt hat, zum Verteidiger des religiösen Charakters von Zen wird und sich bereits gegen die Versuchung einer westlichen Umdeutung des Zen wendet. [...] Damit sind schon im ersten Augenblick die Spannungsmomente der späteren Entwicklung von Zen auf europäischem Boden gegeben: Zen als buddhistische Religion, die ihrem Wesen nach mit der religiösen Metaphysik des Buddhismus und seinem spezifischen Verständnis des Universums und der Stellung des Menschen im Universum zusammenhängt – oder Zen als Methode, die sich von ihrem buddhistischen Untergrund loslösen und von einer beliebigen religiösen, philosophischen oder weltanschaulichen Basis aus praktizieren läßt" (Benz 1962:11). Letzteres hat im klinischen Bereich unterdessen ihre reinste Ausdruckform erhalten: „buddhistische" Meditation zur Linderung von Schmerz und zur Stressreduktion: diese wird als Psychotechnik religiös wurzelfrei und neutral vermittelt, genauso wenig Rolle spielt der konfessionelle Hintergrund auf Adressatenseite (vgl. Olendzki 2000).

Die Kritik von Benz zielt im wesentlichen in Richtung der Wahrung der religiösen Natur des Zen, das man nicht „als Methode wie einen Rettich aus dem Boden ziehen [könne], in dem er gewachsen ist" (Benz 1962:18), wie er mit Blick auf Herrigel anmahnt. Außerdem wendet er sich vehement gegen eine „Psychologisierung" des Zen, das es seines metaphysischen Wesens be-

[14] Aus: Herbert 2008:82-89

raubt und seine transzendente Dimension auf ein psychisch-therapeutisches Geschehen hin planiert und einebnet. Außerdem beklagt er, dass Zen am Bahnhofkiosk in billiger Taschenbuchausgabe erhältlich sei, die Abwertung der Buddhafigur zur Nippes-Sache („Buddha als Damenbrosche"), die Suche nach einer ausgefallenen exotischen Erfahrung im Zen, die Verbilligung der Erleuchtung, die möglichst mühelos angestrebt oder nach flüchtiger Lektüre gar überhaupt vorgetäuscht wird – was er alles unter „Zen-Snobismus" subsumiert, der aus Zen eine fesche Mode gemacht habe.

Die Benz'sche ist wohl die erste, derart gravierende Kritik im deutschen Sprachraum am „Suzuki-Zen". Er verweist auch darauf, wie weit Suzuki sich der Begrifflichkeit von Henry James bedient hat. Vielleicht liegt hier auch ein Schlüssel für die phänomenale Popularität der Schriften D.T. Suzukis, dass er nämlich eine gewissermaßen pasteurisierte und durch ein westliches (psychologisches) Kategoriennetz gefilterte Form des Zen konstruiert, die damit für den westlichen Konsumenten schmackhaft und leicht verdaulich war. Für Henry James galten Kräfte, die aus dem Bereich des Unbewußten und Subliminalen einbrechen, als jene, die religiöse Erlebnisse bestimmten. Suzuki bedient sich der Erklärungsmuster der amerikanischen religionspsychologischen Schule und kann somit das *satori*-Erlebnis nicht als Einbruch des Transzendenten, sondern als einen Ausbruch des Unbewussten ins Bewusstsein hinein interpretieren, womit er es „entmystifiziert" und psychologisiert. Eine Sicht, die von C.G. Jung übernommen und bis zu seinem psychotherapeutischen Wert im Sinne einer Heilung und Ganzwerdung hin weiter ausgedeutet wird (dazu Benz 1962: 25ff.).

Besonders unglücklich war wohl auch die Wiedergabe von *mushin* („Nicht-Geist", „Ego-Losigkeit", „nicht-duales Bewusstsein") als „Unbewusstem" im Sinne einer psychologischen Kategorie – ein „fruchtbarer Grund für Missverständnisse" (vgl. Faure 1993:64). C.G. Jung hat in seinem berühmten Vorwort zu Suzukis „Die große Befreiung" (1980) auch versucht, die Satori-Erfahrung als eine Ganzheitserfahrung des „Selbst" und einen Einbruch des Unbewussten ins Bewusstsein in seiner eigenen Begrifflichkeit zu erfassen. „Das Unbewußte ist eine nicht anschaubare Ganzheit aller subliminalen psychischen Faktoren, eine 'Totalschau' potentieller Natur. Es macht die Gesamtdisposition aus, von welcher das Bewußtsein jeweils nur kleinste Stücke

heraushebt. [...] Wenn es gelingt, die vom Unbewußten dargebotenen oder aufgezwungenen Stücke dem Bewußtseinsleben sinnvoll einzubauen, so entsteht daraus eine psychische Existenzform, welche dem Ganzen der individuellen Persönlichkeit besser entspricht [...]" (Jung 1980:28-30). Zen gehe es um Ganzwerdung und bereite diese in seiner Übung der Entleerung des Bewusstseins systematisch vor: die Erfahrung des Ganzen ist für Jung eine Erfahrung des Unbewussten – in seiner Interpretation bleibt er somit beharrlich auf seinem eigenen Terrain, ebenso, wenn er dem westlichen Menschen als geeigneten Heilsweg die Psychotherapie nahelegt (vgl. Jung 1980:33f.). In einem Kommentar zum Traktat der Amithâba-Meditation finden sich harsche Worte und Warnungen:
„Der Buddhismus selber ist eine Geburt aus dem Geiste des Yoga, der älter ist und universaler als die historische Reformation Buddhas. Mit diesem Geiste muß sich derjenige wohl oder übel befreunden, welcher danach strebt, indische Kunst, Philosophie und Ethik von innen her zu verstehen. Unser gewohntes Verstehen aus dem Äußeren versagt hier, weil es dem Wesen indischer Geistigkeit hoffnungslos inadäquat ist. Und insbesondere möchte ich warnen vor der so oft versuchten Nachahmung und Anempfindung östlicher Praktiken. Es kommt dabei in der Regel nicht mehr heraus als eine besonders künstliche Verdummung unseres westlichen Verstandes. Ja, wer es fertig brächte, in jeder Hinsicht auf Europa zu verzichten und wirklich auch nichts anderes zu sein als ein Yogin mit allen ethischen und praktischen Konsequenzen und im Lotussitz auf dem Gazellenfell unter einem staubigen Banyanbaum dahinzuschwinden und seine Tage in namenlosem Nichtsein zu beschließen, einem solchen würde ich es zugestehen müssen, daß er den Yoga auf indisch verstanden hat. Wer das nicht kann, der soll auch nicht tun, als ob er den Yoga verstünde. Er kann und soll nicht auf seinen westlichen Verstand verzichten, sondern im Gegenteil letzteren anstrengen, um ohne Nachahmung und Anempfindelei in ehrlicher Weise so viel vom Yoga zu verstehen, als unserm Verstande eben möglich ist" Jung 1957:155-6).
Psychologisch interessant ist das folgende Caveat: „Durch die Erhellung des Unbewußten nämlich gerät man zunächst in die Sphäre des chaotischen persönlichen Unbewußten, in welchem sich alles findet, was man gerne vergißt und was man unter allen Umständen weder sich selber noch einem andern

eingestehen und überhaupt nicht für wahr haben möchte. Man glaubt daher am besten wegzukommen, wenn man möglichst nicht in diese dunkle Ecke schaut. Allerdings, wer so verfährt, der wird auch nur eine Spur von dem erreichen, was der Yoga verspricht. Nur wer diese Dunkelheit durchschreitet, kann hoffen, irgendwie weiter zu kommen. Ich bin darum prinzipiell gegen die kritiklose Übernahme von Yogapraktiken durch Europäer, denn ich weiß zu genau, daß sie sich damit um ihre dunkle Ecke herumzudrücken hoffen. Ein solches Beginnen ist aber völlig sinn- und wertlos" (Jung 1957:159).

Jung deklariert deutlich, dass es sich für ihn bei der Ganzwerdung (im Zen) allein um ein psychologisches Problem handle, in diesem Lichte sind auch seine Bezugnahmen auf die Mystik und auf Meister Eckhart zu sehen. Jung spricht von akademischer „Selbstbescheidung" (Jung 1980:17), aus transpersonaler oder religionswissenschaftlicher Sicht handelt es sich hingegen um einen groben Reduktionismus. Ein damit einhergehender Denkfehler ist die Verwechslung der Ebenen der Psyche und der Ebene der Transzendenz, des Spirituellen, des Absoluten. „Aus einer traditionalistischen Perspektive heraus besteht das erste Problem darin, dass die Jungschen Schriften das Psychische und das Spirituelle durcheinanderzubringen scheinen. Im Falle von Jung ist das manchmal eine Sache der Reduktion des Spirituellen auf die Ebene des Psychischen, manchmal eine der Elevation des Psychischen auf die Ebene des Spirituellen oder, um das Ganze anders zu formulieren, der Deifizierung des Unbewussten" (Oldmeadow 2004:318).

Unter den Schlagwörtern Pan-Psychismus oder Psychologismus wurde die Tendenz kritisiert, Religion und religiöse Erfahrungen allein unter dem Blickwinkel der Psychologie erklären zu wollen. „Die Psychologie modernen Zuschnitts definiert sich durch ihre Unfähigkeit zwischen der psychischen Ebene, der Arena, auf der die mehr oder weniger akzendentiellen Subjektivitäten des individuellen Ego aus den Tiefen des Unbewussten ins Spiel treten, und der unendlichen Sphäre des Geistes zu unterscheiden, die in Hinblick auf das menschliche Individuum durch dessen Fähigkeit zu einer allumfassenden Erfahrung bestimmt ist, damit durch eine 'inner(lich)e' Unendlichkeit und Transzendenz gekennzeichnet ist. Die Vermischung des psychischen Bereichs des Unbewussten mit den mystischen Potentialitäten des Geistes und den unbegrenzten Reichweiten des Intellektes hat zu allen Arten von Konfusionen geführt" (Oldmeadow 2004:313).[15]

Eine sehr differenzierte Auseinandersetzung mit dem Zen-Buddhismus liefert Erich Fromm, der aufrichtig bemüht ist, Zen aus sich selbst heraus zu verstehen, ohne es vom eigenen psychologischen Blick von vorneherein zu vereinnahmen. D.T. Suzuki hatte auf dem Anwesen Fromm's in Cuernavaca/Mexiko im Jahr 1959 über längere Zeit gewohnt und mit Erich Fromm einen regen Gedankenaustausch gepflegt (Burston 1999:280). Fromms Zen-Verständnis ist mithin maßgeblich durch D.T. Suzukis Anschauungen beinflusst. Auch in seinen Schriften bezieht er sich in puncto Zen ausschließlich auf D.T. Suzuki. Wieder ist es die Zentralität der Erfahrung der Erleuchtung, auf die sich Fromm intensiv einlässt. Schon früh hat sich Fromm kritisch mit Freud's Theorien auseinandergesetzt und dessen Modell entschieden erweitert: es ging ihm stets um eine umfassende psychische Gesundung und Entwicklung des Menschen, weit über ein Freisein oder In-Schach-halten von neurotischen Störungen. Er wandte sich gegen die reduktionistisch-mechanistischen Tendenzen, die sexuelle Fixierung, das auf einen egoistischen, instinktgetriebenen Materialisten verkürzte Bild vom Menschen und einen unterschwelligen Dogmatismus – alles Momente, die die Freudsche psychoanalytische Richtung bestimmten (vgl. Burston 1999:282). Es ging ihm um den produktiven, vollkommen liebesfähigen Menschen und das Ziel der von ihm als „humanistisch" bezeichneten Psychoanalyse kommt einer Verwandlung des Menschen gleich, die der „Erleuchtung" im Zen vergleichbar wird:

„Das Ziel des Zen ist die Erleuchtung: das unmittelbare, unreflektierte Erfassen der Wirklichkeit ohne affektive Verseuchung und Verstandesarbeit und die Erkenntnis der Beziehung zwischen mir und dem Universum. [...] Wenn man [...] Freuds ursprüngliches Ziel, das Unbewußte bewußt zu machen, bis zur letzten Konsequenz verfolgt, muß man es von den Beschränkungen befreien, die ihm Freuds eigene Ausrichtung auf die Instinkte und die Aufgabe, Symptome zu heilen, auferlegt haben. Wenn man das Ziel verfolgt, das Unbewußt vollständig freizulegen, ist diese Aufgabe weder auf die Instinkte

[15] Eine weitere Erörterung dazu im Kapitel, das den programmatischen Titel trägt: „*The Not-So-Close Encounters of Western Psychology and Eastern Spirituality*" (Oldmeadow 2004:307-334).

noch auf andere begrenzte Teile des Empfindens beschränkt, sondern umfaßt das gesamte Empfinden des ganzen Menschen; dann besteht das Ziel in der Überwindung der Entfremdung und der Gespaltenheit in Subjekt und Objekt bei der Wahrnehmung der Welt; dann bedeutet die Freilegung des Unbewußten die Überwindung der affektiven Verseuchung und der Gedankenarbeit; sie bedeutet die Befreiung des Verdrängten, [...] sie bedeutet das Verschwinden der Polarität von Bewußtsein gegenüber Unbewußtem; sie bedeutet, daß man die Wirklichkeit unmittelbar, ohne Verzerrung und ohne Dazwischentreten der intellektuellen Reflexion erfaßt; sie bedeutet die Überwindung des Verlangens, am eigenen Ich festzuhalten und es anzubeten [...]" (Fromm, Suzuki u. Martino 1971:171-3).

Hier werden die Ziele des (Suzuki-)Zen und der (Fromm'schen) Psychoanalyse bis ins Vokabular hinein als deckungsgleich beschrieben. Aber Fromm ist sich der Unterschiede klar bewusst, insbesondere bei den jeweiligen Methoden, im Meister/Schüler- bzw. Analytiker/Patient-Verhältnis und beim religiösen Charakter des Zen. Fromm ist aber davon überzeugt, dass beide Formen der Menschenschulung voneinander lernen und profitieren können. Im ersten Enthusiasmus der Begegnung zwischen Zen und Psychoanalyse ist es durch die Suche nach Gemeinsamkeiten und einem gemeinsamen Nenner in der Terminologie zu Unschärfen und Terrainüberschreitungen gekommen, die in der weiteren Auseinandersetzung geklärt wurden.[16]

Die Begegnung Buddhismus und Psychologie spielt sich rezent eher zwischen Achtsamkeitsmeditation (*vipassanâ*) aus dem Theravâda und Psychotherapeuten ab, die diese in Asien erlernt haben und im Westen weitergeben.[17] Prominent sind Jack Kornfield und Joseph Goldstein, die nach langjähriger Zusammenarbeit heute durch eine Grundsatzfrage getrennte Wege gehen: ist *vipassanâ* ein Weg zur Befreiung im urbuddhistischen Sinne oder eine Form

[16] Ein früher „dritter" Versuch der Integration von Zen und Psychologie wurde von Benoit (1990 [1955]) vorgelegt: auf seine nuancierte, eigenwillige und merkwürdig „metaphysische" Schrift kann ich hier nicht eingehen.

[17] Aber nicht nur da: der Austausch zwischen (Meditations-)Buddhismus und westlicher Psychologie ist sehr weit gediehen und komplex. Die beiden Denkschulen und Heilverfahren werden heute gern als einander ergänzend und in Kombination synergetisch wirksam gesehen (einen guten ersten Überblick bietet: Walsh und Shapiro 2007). Zum anhaltenden Interesse der Psychoanalytiker am Buddhismus siehe z. B.: Safran 2003, im deutschen Sprachraum: Zwiebel 2011.

der Therapie? Goldstein insistiert auf dem traditionellen Zugang und befürchtet psychologische Arbeit könnte im schlechten Falle zu einer Verstärkung des Ich – „meine Probleme, meine Geschichte [...]" – führen, während Kornfield einen komplementären Einsatz westlicher psychologischer Methoden in vielen Fällen für heilsam hält (Oldmeadow 2004:307-8). Hier interessiert, dass bei D.T. Suzuki die Erleuchtungserfahrung in den Mittelpunkt gerückt ist, kaum ist von Befreiung aus dem Kreislauf der Wiedergeburten oder Eingehen ins Nirvana die Rede, vielmehr soll Satori ja für den Alltag tüchtig machen – was hingegen ganz auf der Linie der Sicht des Mahâyâna liegt.

Dumoulin, der im Zen eine „natürliche Mystik" ausmacht, wehrt sich ebenfalls deutlich dagegen, dass die Psychologie das letzte Wort über den Wert des Zen zu sprechen gedenke. Zen nähre sich aus religiösen Quellen und habe viele religiöse Leistungen inspiriert. „'[...] dem Zen ist die Seele genommen, wenn es sein Dasein im psychologischen Laboratorium fristen soll.' [...] Der Grund für dieses strenge Urteil ist die Einsicht in das Wesen der mystischen Erfahrung schlechthin, die eben nicht als Erschließung der Inhalte des Unbewußten gedeutet werden kann, sondern deren heilendes und befreiendes Wesen nur als Begegnung mit einem Transzendenten, einem Supramentalen, einem Überbewußtsein verständlich ist. Gerade diese supramentale Grundlage der mystischen Erfahrung macht Dumoulin gegen Jung geltend" (Benz 1962:35).

Die Zielrichtung dieser Kritik geht in eine Richtung, in der Ken Wilber eine klare Analyse entwickelt hat. Wilber ist der wohl führende „Philosoph" – und mittlerweilen auch Guru – des „New-Age" (dessen Bewegung er allerdings auch heftig kritisiert). Er hat sowohl Zen wie tibetische buddhistische Meditationstechniken praktiziert und sein „Weltbild" ist stark von nicht-dualen Konzepten aus der mahâyânistischen Philosophie geprägt.[18] Mit seinem Oeuvre hat er eine ambitionierte, multidisziplinäre Integration östlichen und

[18] „[...] ich bin seit Langem praktizierender Buddhist, und viele der wesentlichen Elemente meines Ansatzes sind buddhistisch oder buddhistisch inspiriert. Ganz im Vordergrund stehen Nagarjuna und die Madhyamika-Schule. Auch die Reine Leerheit und die Ursprüngliche Reinheit zählen zur 'Kernphilosophie' meines Ansatzes. Weiterhin Yogachara, Hua Yen, ein großer Teil von Dzogchen und Mahamudra und natürlich die Grundaussagen des Abidharma. [...] Ich versuche [...], das Beste all dieser Traditionen in einer, wie ich hoffe, fruchtbaren Weise zusammenzuführen." (Wilber 2002:423). Der Interview-Kontext verdeutlicht im Übrigen, dass mit „all diesen Traditionen" auch westliche mitgemeint sind.

westlichen Denkens sui generis vorgelegt (dazu und Hinweise auf seine buddhistische Praxis: Vesser 2002: 29 u. 172). Hier geht es um das, was Wilber die Prä/trans-Verwechslung nennt. Diese verhindert – wenn sie erkannt wird – sowohl eine Reduktion religiöser Erfahrungen auf ein rein innerpsychisches Geschehen als auch die umgekehrte Erhebung psychologischer Inhalte in eine transzendente Dimension. Ich halte diese Unterscheidung für so entscheidend wichtig, dass ich die sie betreffende Erläuterung in voller Länge wiedergebe:

„Gemeint ist mit 'Prä/trans-Verwechslung' zunächst etwas ganz Einfaches: Da prärationale und transrationale Zutände *beide* auf ihre je eigene Weise nichtrational sind, können sie dem ungeschulten Auge als ähnlich, wenn nicht identisch erscheinen. Sind jedoch prä und trans erst einmal verwechselt oder gleichgesetzt, kommt es zu Denkfehlern zweierlei Typs:

Durch einen Denkfehler der ersten Art werden alle höheren und transrationalen Zustände auf niedrigere und prärationale reduziert. Echte mystische oder kontemplative Erfahrungen beispielsweise werden als Regressionen zu infantilem Narzißmus, ozeanischem Adualismus, Indissoziation oder sogar als primitiver Autismus gedeutet. [...] Da es keine höheren Kontexte geben kann, müssen echte transrationale Zustände sofort als Regression zu prärationalen Strukturen erklärt werden. Das Überbewußte wird auf das Unterbewußte, das Transpersonale auf das Prärationale reduziert, und das Emergieren von etwas Höherem muß als Einbruch des Niedrigeren gedeutet werden. Alle atmen erleichtert auf, und der rationale Welt-Raum bleibt ungeschoren (durch 'die schwarze Schlammflut des Okkultismus', wie Freud es so bildkräftig ausdrückte).

Ist man andererseits für höhere und mystische Zustände aufgeschlossen, verwechselt aber trotzdem prä und trans, dann wird man alles Prärationale zu transpersonaler Glorie erheben oder elevieren wollen, indem man zum Beispiel den infantilen primären Narzißmus als unbewußtes Schlummern in der Unio mystica auffaßt. [...] Hat man Rationalität [...] erst zum Anti-Omega erklärt, wird man bald alles Nichtrationale als direkten Weg zu Gott verherrlichen, und alles – wie infantil, regressiv und prärational es auch sein mag – ist uns recht, wenn es nur die böse, skeptische Rationalität aus dem Feld

schlägt. 'Ich glaube, *weil* es absurd ist' – das ist der Schlachtruf aller Elevationisten (und alle Romantik ist zutiefst davon geprägt).
Freud war ein Reduktionist, Jung ein Elevationist – die beiden Seiten der Prä/trans-Verwechslung. Wir müssen hier sehen, dass sie beide zur Hälfte recht und zur Hälfte unrecht haben. Ein gut Teil der Neurose ist tatsächlich als prärationale Fixierung/Regression zu erklären; andererseits gibt es mystische Zustände wirklich, aber jenseits (und nicht diesseits oder unterhalb) der Rationalität – und solche Zustände dürfen nicht reduziert werden. [...] Der GEIST *ist* transrational, aber eben trans und nicht prä. Er regrediert nicht und schließt die Vernunft aus, sondern er transzendiert sie, schließt sie dabei jedoch ein" (Wilber 2002:259-261).

Zen ist in dieser Diktion nicht anti-rational, a-rational oder irrational, vielmehr transrational. Rationalität wird daher nicht negiert, sondern im Hegel'schen Sinne „aufgehoben" und überschritten, zugleich aber eingeschlossen. Wäre die Prä/Trans-Unterscheidung – und damit die zwischen Unter- und Überbewusstsein – in der oben herausgearbeiteten Schärfe in den 1960er Jahren allgemein bekannt gewesen, hätten einige Konfusionen der ersten Stunde der Begegnung (Zen-)Buddhismus und Psychologie vermieden werden können. Die frühe und flotte Vermählung von Zen und Psychoanalyse bleibt eine „historisch" interessante Episode. Zen wurde gewissermaßen psychoanalytisch konsekriert, mit einem guten Zeugnis versehen, autoritativ mit Gütesiegel ausgezeichnet. Dies hat die Rezeption sicherlich gefördert, zumal dadurch auch das Fremde durch Kategorien des Eigenen verständlich zubereitet werden konnte. Diese Strategie der Assimilierung („Ähnlichmachung" mit dem Bekannten) hat freilich ihren Preis: Zen wurde „psychologisiert" und seine genuin religiösen Aspekte wurden unterschlagen. Diese „Neutralisierung" des Zen hat seinen Transfer erleichtert und Zen auch für kritische westliche Intellektuelle (wichtige Multiplikatoren!) attraktiv gemacht.

Die Herauslösung des Zen aus seinem buddhistischen Rahmen ermöglichte zugleich die Übernahme seiner meditativen Methode in einen christlichen Kontext. Wegweisend waren im deutschen Sprachraum hier die Jesuitenpatres Heinrich Dumoulin (1905-1995) und Hugo Makibi Enomiya-Lassalle (1898-1990) sowie der mehr therapeutisch orientierte Karlfried Graf von Dürckheim (1896-1989). Alle drei hatten Zen in Japan (kennen)gelernt, in

Deutschland Kurse und Seminare gehalten und eine ausgedehnte Publikationstätigkeit entfaltet. Die Verkleidung des Zen in ein christliches Gewand stieß aber auch auf heftige Kritik (cf. Baumann 1995a:80).
Bedeutende Zen-Meister wie Tetsuo Nagaya Kiichi Rôshi (1895-1993) und Taisen Deshimaru Rôshi (1914-1982) aus der Sôtô-Linie hielten schon in den ausgehenden 60er Jahren Kurse in Zen-Meditation ab. In den 70er Jahren kommt es dann aber zu einem geradezu explosionsartig angestiegenen Angebot und Interesse an Zen-Seminaren und in vielen Städten wurden Zen-Zentren verschiedener Richtungen gegründet. Genannt seien exemplarisch die Initiativen von Klaus Zernikow, der 1971 in Berlin eine von Nagaya-Rôshi mitbetreute Rinzai-Zen-Gemeinschaft gründete, das Zendô aus dem Umfeld Deshimaru-Rôshi's, das François A. Viallet 1975 in Frankfurt errichtete und ein von Schülern des durch sein Buch *The Three Pillars of Zen* berühmt gewordenen Philip Kapleau 1974 etabliertes „Zen Center" in Hamburg.
Ab den 1960er Jahren änderte sich auch „die bis dahin betuliche und vornehmlich von Einzelpersonen getragene buddhistische Präsenz in der Schweiz." (Baumann 1998:262). Meditation im Stile des Zen stieß auf zunehmendes Interesse. Auch hier sind es Zen-Übungswochen (Sesshin's) und Besuche von japanischen Rôshi's, die zur Gründung von Zentren und Übungsstätten (Dôjô's) führen: Nagaya Rôshi hielt 1970 in Brissago und 1971 in Caviano die ersten Sesshin ab. 1972 eröffnete ein Dôjô in der Übungstradition von Deshimaru Rôshi in Genf – seine Gruppe „Zen-Vereinigung Schweiz" dürfte bis heute die zentren- und zahlenmäßig Bedeutendste sein.
1959 marschierte die Volksbefreiungsarmee in dem seit zehn Jahren von der Volksrepublik China besetzten Tibet ein, um einen Aufstand niederzuschlagen. Damit setzte eine tragische und in die Zehntausende gehende Flüchtlingswelle ein, die auch viele buddhistische Würdenträger nach Indien und in den Westen trieb. In den 60er Jahren hatte die Erhaltung der tibetischen Kultur und Religion im indischen Exil absolute Priorität, erst ab den 70er Jahren erfolgte dann eine beispiellose Verbreitung des tibetischen Buddhismus in den USA und Europa. In der Schweiz wurde schon 1968 das „Klösterlich-Tibetische Institut Rikon" eingeweiht, da dort mehr als tausend tibetische Flüchtlinge lebten. Das Institut bekam auf Sendung durch den Dalai Lama

einen seiner persönlichen Berater zu seinem Leiter: Geshe Rabten (1920-1986). 1977 wurde das Tharpa (heute: Rabten) Choeling Zentrum für Höhere Tibetische Studien beim Mont Pelerin in der Nähe von Lausanne gegründet. Beide Institutionen stehen in der Gelugpa-Tradition und kümmern sich um die tibetischen Exilanten und die Ausbildung europäischer Mönche und Nonnen. Daneben haben sich auch andere Richtungen etabliert: Sakyapa, Nyingmapa und „moderne" Suborganisationen wie Rigpa und Shambala. Der Dalai Lama besuchte 1973 Deutschland, 1974 und erneut 1977 folgte ihm das 16. Oberhaupt der Kagyüpa-Linie, Gyalwa Karmapa. In Hannah und Ole Nydahl hatte letzterer energische und hochaktive Fürsprecher und veritable Missionare. Sie hatten schon 1972 in Kopenhagen das erste Kagyü-Zentrum im Westen errichtet, nach der Europa-Reise des Karmapa 1977 sollten viele mehr in seinen Fährten aus dem Boden schießen.

„Die Ausbreitung des tibetischen Buddhismus in der Bundesrepublik, die Mitte der siebziger Jahre begann, dokumentierte sich durch Vortragsreisen und Seminare von tibetischen Lamas sowie durch Gründung erster Zentren. Das Eintreffen dieser buddhistischen Tradition Asiens soll die Markierungslinie zwischen der Phase des Meditations-Buddhismus und der Phase VI, dem Aufschwung des tibetischen Buddhismus, bilden" (Baumann 1995a:84).

Die Mitte der 70er Jahre erweist sich in Österreich somit als wichtige Achse für neue Entwicklungen: Ausweitung der Aktivitäten, Diversifizierung nach Schulrichtungen, Etablierung neuer Gruppen, Erhöhung (und „Erhebung") der Mitglieder- und Interessentenzahlen. Zu vermuten ist ein Zustrom aus dem alternativen Milieu, der Post-68er-Gegenkultur und dem Hippie-Umfeld, nicht zuletzt von Leuten, die in Asien den Buddhismus aus erster Hand kennengelernt haben (eine entsprechende Notiz in: Riedl 1998:4).

Tibetische Lamas geben Kurse und halten Zeremonien ab. 1977 wird in Salzburg eine Buddhistische Gemeinschaft etabliert, ihr Proponent Friedrich Fenzl ist auch federführend bei der Gründung der Jôdô-Shin-Gemeinschaft im Jahre 1980. In diesem Jahr wird auch das Buddhistische Zentrum am Fleischmarkt 16 im 1. Bezirk von Wien gegründet: das Sekretariat der (später offiziell so geheißenen) Österreichischen Buddhistischen Religionsgesellschaft (ÖBR; www.buddhismus-austria.at), die Buchhandlung Octopus und ein vegetarisches Restaurant befinden sich von nun an auf engem geographischem

Terrain. Ebenso „im Haus": das 1979 gegründete Bodhidharma Zendô, eine Zen-Gruppe unter der Leitung von Herbert Koudela (Genro Oshô), eine Theravâda-Gruppe und ein tibetischer Orden.

8. Ab Ende 1970er Jahre: Neuzugänge aus Asien: Immigranten, tibetischer Buddhismus und Vipassanâ

Die **sechste** Rezeptionsphase zeichnet sich durch eine zunehmende Pluralisierung und Heterogenität bezüglich buddhistischer Traditionslinien, aber auch in ethnischer Hinsicht aus – durch den Zustrom asiatischer Flüchtlinge (Vietnam, Kambodscha, Tibet) und Immigranten aus asiatischen Ländern. Verstärkt sind asiatische Geistliche und Lehrer tätig, der Anteil von lehrenden Frauen/Nonnen nahm gleichfalls und erwähnenswert zu. Ich möchte die an Überschaubarkeit verlierende Phase VI kurz aus dem Resümee her charakterisieren:

„Inhaltlich blieb wie in Phase V das Meditationsangebot dominant. Es bestimmte die meisten Veranstaltungs- und Kursangebote der zahlreich zugenommenen Institute, Zentren und Seminarhäuser. Zugleich wurden Einweisungen und Einweihungen in bestimmte buddhistische Rituale und Praktiken verstärkt nachgefragt. Der Zugang zur buddhistischen Religion geschah demnach vermehrt über Praxisformen, wobei die farbenprächtigen, klangvollen und für manche exotisch erscheinenden Andachten und Liturgien des tibetischen Buddhismus besonders anziehend wirkten. Diese stärkere liturgische Orientierung unterschied die Anhänger tibetischer Ausrichtung von den Buddhisten der zeitlich früheren Phasen, die mehr an der 'nüchternen', doktrinären und lebenspraktischen Umsetzung der buddhistischen Lehrinhalte interessiert war. Die Kursangebote sprachen studentische, alternativkulturelle und bürgerliche Kreise und Milieus an. Die Anhängerschaft des tibetischen Buddhismus zeigte demographisch eine homogene Struktur: überwiegend waren und sind dies Personen im Alter zwischen Ende 20 und Ende 30 mit einem vergleichsweise gehobenen Bildungsniveau." (Baumann 1995a:111)

Kursorisch sollen die wichtigsten der neu aufgetretenen Traditionslinien und ein paar zentrale Persönlichkeiten genannt werden.

8.1. Tibetische Richtungen

Die tibetische Gelugpa-Richtung fasste schon 1977 mit der Einweihung eines „Tibetischen Zentrums e.V." durch Geshe Rabten in Hamburg Fuß. In Süddeutschland entstand das „Âryatara-Institut e.V.", das aus einer aus demselben Jahre datierenden Gruppe, die sich um Lama Thubten Yeshe (1936-1984) und Lama Thubten Zopa Rinpoche (geb. 1946) gebildet hatte, hervorging. Ein Ableger in Erlangen führte 1985 zur Gründung des „Chödzong–Buddhistisches Zentrum e.V." in Langenfeld. Es wird vom hochrangigen Loden Sherap Dagyab Rinpoche (geb. 1939) geleitet, der auch seit 1966 an der Universität Bonn Tibetologie unterrichtet und für eine „kulturneutrale" Vermittlung der Essenz des Buddhismus eintritt.
Ebenfalls Ende der 70er Jahre bildeten sich erste Gruppen der Kagyüpa, der kleinsten Vajrayâna-Tradition Tibets. Besonders rege betätigte sich Ole Nydahl, sodass schon 1990 ca. 30 Zentren seiner Linie bestanden, die sich im Karma-Kagyü-Dachverband (KKD) zusammenschlossen. Bekannt durch seine Schriften und exzentrische Lebens- und Lehrweise wurde Chögyam Trungpa (1939-1987), der in Amerika über seine 1973 gegründete Organisation „Vajradhatu" und der daran angeschlossenen buddhistischen Universität, dem Naropa-Institut, eine große Streuwirkung hatte. Seine andere Trägerorganisation „Shambala International" unterhält Meditationszentren und eine reiche Publikations- und Verlagstätigkeit und steht für einen innovativen, experimentierfreudigen und „ökumenischen" Buddhismus (cf. Seager 1999:125-8). In Deutschland gab es Ende 1987 sieben Vajradhatu-Zentren.
Die tibetischen Linien der Sakyapa (seit 1975 in Hannover, ab den 1980er Jahre in Hamburg und Freiburg) und der Nyingmapa (seit 1983) sind in der Bundesrepublik ebenfalls vertreten. Aus der Nyingma-Tradition stammt Lama Sogyal Rinpoche, der gleichzeitig eine Bewegung (die „Rime" = „unparteiisch, ungebunden") vertritt, die sektenübergreifend wirken will. Er wurde bekannt durch seinen ausführlichen und sehr persönlichen Kommentar zum sogenannten „Tibetischen Totenbuch" (Sogyal 2002). Seine Organisation „Rigpa" (ab 1986 in München) ist auch bei der spirituellen Betreuung Sterbender und in der Hospizbewegung wegweisend aktiv.

8.2. Soziales Engagement

Diese Aktivitäten sind für diese Übernahmephase charakteristisch: unter dem von Thich Nhat Hanh geprägten Begriff eines „engagierten Buddhismus" entfalten sich vielfältige Tätigkeiten: „Im Westen manifestiert sich der sozial engagierte Buddhismus stark in der Friedens- und Umweltbewegung der 80er Jahre sowie zunehmend in sozialen Bereichen. Sterbebegleitung, Obdachlosenprojekte, Gefangenenbetreuung und Entwicklungshilfe können hier als Beispiele der mannigfaltigen Anwendung buddhistischer Lebensweise genannt werden. Es scheint, dass der sozial engagierte Buddhismus eine fruchtbare Vereinigung des abendländischen, nach außen gerichteten, sozialen Aktivismus mit der östlichen, nach innen gerichteten Erkenntniswissenschaft des Geistes eingeht." (Eugster 2004:15, der in seiner kurzen Entwicklungsgeschichte und entsprechenden Phaseneinteilung des Buddhismus im Westen die Zeit ab den 1980er Jahren mit dem sozialen Engagement charakterisiert). Die Verleihung des Friedensnobelpreises an den Dalai Lama 1989, seine häufigen Reisen auch durch europäische Länder, Auftritte mit und öffentliche Unterstützungserklärungen durch Hollywood-Größen wie Richard Gere haben das Interesse an Tibet und seiner Religion gefördert. Bedeutsam für die jüngere (numerische) Entwicklung des Buddhismus in der BRD ist die Anwesenheit von Flüchtlingen und ImmigrantInnen aus asiatischen Ländern, vor allem Vietnam, Laos und Thailand, deren Anzahl in die Zehntausende geht. Sie werden z.T. von Mönchen und Nonnen ihrer Heimat religiös betreut und haben in vielen Großstädten ihre Tempel und Zentren.

Mit der wirtschaftlichen Expansion Japans kam neben dem Zen auch die Laienorganisation Sôka Gakkai nach Deutschland, die viele Ortsgruppen unterhält und zwei Zeitschriften vertreibt. In Düsseldorf wurde 1992 ein shinbuddhistisches Kulturzentrum, das EKO-Haus, gegründet. Ein dazugehöriger Tempel bietet Raum für reguläre Andachten und Feiern, die „EKO-Blätter" informieren ausführlich über die diversen Tätigkeiten.

8.3. Zen für Christen?

Der Zen-Buddhismus expandierte beachtlich, nicht zuletzt, da er auf die starke Nachfrage nach Praxis ein klares Angebot bereitstellt. Seminare, intensive Exerzitien (*sesshin*), Bücher und Zeitschriften erhielten viel Zuspruch. Die

„Zen-Vereinigung Deutschland" (Sôtô/Deshimaru-Rôshi) verlegt die *Zen-Informationen* und unterhält seit 1984 ein eigenes Kloster bei Neumünster/-Plön in Schleswig Holstein – die Gruppen in der Ausrichtung nach Deshimaru dürften die größte Zen-Organisation bilden. Bedeutsam sind auch die vielfach aus der Rinzai und Sôtô kombinierenden Splittergruppe Sanbôkyôdan hervorgegangenen Lehrer eines „Zen für Christen".

Die Sanbôkyôdan wurde 1954 von Yasutani Hakuun (1885-1973) gegründet. Sein Meister, Harada Daiun (1871-1961) war ein strenger, charismatischer Rôshi, der eine Integration der Lehren des Sôtô und Rinzai angestrebt hatte und der Ansicht war, dass *kenshô* („Einsicht in das wahre Wesen") für jedermann und -frau, gleich ob Laie oder Mönch, zugänglich und verwirklichbar sei. Diese Ansätze prägten Yasutani's Weg als Lehrer: Er ließ die monastischen Mauern hinter sich und propagierte intensiv die Praxis des *zazen* für Laien. Sein Dharma-Nachfolger wurde Yamada Kôun (1907-1989). Dieser öffnete seinen Unterricht in Richtung Nicht-Buddhisten: er reiste ausgiebig, regelmäßig auch in die USA und nach Deutschland. Mehr als ein Dutzend christlicher Geistlicher wurde von ihm als Zen-Lehrer autorisiert. Nicht zuletzt führte das dahin, dass „trotz seiner bescheidenen Größe die Sanbôkyôdan einen unverhältnismäßig großen Einfluß auf das Zen im Westen hatte, [...] der Einfluß [...] übersteigt jede Verhältnismäßigkeit gemessen an ihrem relativ marginalen Status in Japan [...]" (Sharf 1995a:425 u. 419, darin auch im Detail die obige Genealogie). „Die Sanbôkyôdan besteht darauf, dass 'wahres Zen' nichts mehr und nichts weniger ist, als die Erfahrung von *kenshô* – eine persönliche und tiefgehende Verwirklichung der wesenhaften Nicht-Dualität aller phänomenalen Existenz. Damit sei, behaupten die Sanbôkyôdan-Lehrer, Zen keine 'Religion' im herkömmlichen Sinne des Wortes und es sei weder an eine bestimmte kulturelle Form gebunden noch von Schrift und Glauben abhängig." (Sharf 1995a:427). Sanbôkyôdan verschlankte den textuellen Apparat der kôan-Praxis auf eine simple Rezitation des *mu*[19] und die ursprünglich monastische, von ethischen und alltagspraktі-

[19] Mu bedeutet wörtlich „nichts, nicht, das Nichts, un-, ist/hat nicht [...]" und war die Antwort auf die Frage eines Mönches an den Meister Jôshû: „Hat ein Hund die Buddha-Natur?" Jôshû sagte: „Mu!" Dies ist eines der beliebtesten Kôan für den Einstieg ins *kanna-zen*, das Zen der Kôan-Übung. Die Eingangskôan, deren Lösungen unabdingbar für den weiteren Ausbildungsgang sind, heißen auch *hosshin kôan*: „*Hosshin* ist das japanische Wort für *dharmakâ-*

schen Regeln durchtränkte Lebensform auf die einfache Übung des Sitzens. Die Ausrichtung auf eine *kenshô*-Erfahrung ist zentral, wenn nicht obsessiv. „Was sicherlich neu ist im Zen im Stile von Yasutani-Yamada, ist das Ausmaß, in dem buddhistische Erleuchtung für den Laienkonsum kleinverpackt worden ist. Die Lehre des Buddhismus und Zen – die ausgefeilte Literatur, Philosophie, Liturgie und das Ritual – sind auf eine singuläre, vorübergehende 'Erfahrung' reduziert worden, die von jedem/r in einer Spanne von Monaten oder gar Wochen erreicht werden, solange nur rechte Supervision und ausreichend Motivation gegeben sind" (Sharf 1995a:454). In seiner Betonung der antinomischen, ikonoklastischen und anti-monastischen Seite des Zen und der Emphase auf Praxis, persönlicher Transformation, Gewinnung von Klarheit und psycholgischem und spirituellem Wohlbefinden ist die Sanbôkyôdan in ausgezeichneter Weise „kommensurabel mit den Zielen der 'New Age Spiritualität'" (Sharf 2002:152).

Mit ihrer Hervorhebung der „Erfahrung", die in einer „Wesensschau" kulminiere (*kenshô*, bei D.T. Suzuki: *satori*), ihrer De-Kontextualisierung und Entfärbung von religiösem Anstrich und „Universalisierung" als transkonfessioneller Praxis deckt sich die Sanbôkyôdan (fast) völlig mit den Umrissen des Zen-Bildes, das D.T. Suzuki entworfen hat. Seine Herausstreichung der mystischen Seite des Zen hat zu dessen Hybridisierung wohl ebenso viel beigetragen wie die Ausbildung eines „Zen für Christen" innerhalb der Sanbôkyôdan. Neben Enomiya-Lasalle erhielt auch der Benektiner-Pater und eifrige Zen-Publizist Willigis Jäger die Lehrbefugnis, der auf eine beachtliche Schülerzahl im deutschen Sprachraum kommt (Anfang der 1990er Jahre geschätzte 800 bis 1.000; vgl. Baumann 1995:103). In Japan zählte die Sanbôkyôdan Ende 2006 offiziell 2.628 Gläubige und verfügte über nur 5 Tempel und 10 Übungsstätten (Bunkachô 2007:70-1). Daran gemessen ist sie tatsächlich – wie von Sharf bemerkt –, im Ausland überproportional stark vertreten.

Außerdem konnten sich Zen-Schulen vietnamesischer und koreanischer Provinienz etablieren und zunehmend sind europäische und amerikanische autorisierte Zen-Meister aktiv, die genuin „westliche" Übertragungslinien

---

ya, die Welt des Wahren-Wesens, des Buddha-Wesens, der Leere, Substanzlosigkeit, welche die Freiheit von jeder Dualität, jeder Subjekt-/Objektspaltung beinhaltet" (Wachs 2003:95). Wachs bietet einen guten historischen Überblick zur vielstufigen, vom Wissen um klassische Zen-Texte flankierten Kôan-Praxis.

(aus)bilden. Insgesamt existierten 1991 in der Bundesrepublik 61 Zen-Kreise (Baumann 1995a:103, mit weiteren Details auf 100-102).
In den 80er Jahren kam es zur Gründung weiterer diverser buddhistischer Gruppen, vom Theravâda bis zu philosophisch-weltanschaulich orientierten Gruppen, die einen europäischen bzw. westlichen Buddhismus auszubilden trachten. 1992 wurde die „Vipassanâ-Vereinigung Deutschland e.V." ins Leben gerufen. Sie sei erwähnt, weil sie symbolisch für die zunehmende Popularität der vipassanâ genannten Form des Achtsamkeitstrainings und der Einsichtsmeditation steht.

8.4. DBU

Der steigenden Organisationsvielfalt und laufenden Ausfächerung der buddhistischen Szene stehen Bemühungen einer Einbindung und gemeinsamen Vertretung nach außen gegenüber. Die staatliche Anerkennung als Religionsgemeinschaft wurde anvisiert und dazu wurde parallel zur 1984 auf 16 Mitgliedsgemeinschaften angewachsenen DBU die „Buddhistische Religionsgemeinschaft in Deutschland (BRG)" konstituiert. Nachdem Gewähr der Dauer und finanziell ausreichende Mittel nicht hinreichend nachgewiesen werden konnten, schlug der Antrag fehl und wurde zurückgezogen. 1988 wurden die beiden überregionalen Verbände zur „Deutschen Buddhistischen Union e.V. Buddhistische Religionsgemeinschaft" vereint.
„1991 waren 27 buddhistische Organisationen und Gruppen Mitglied in der DBU. Die DBU repräsentierte damit den weit überwiegenden Teil buddhistischer Organisationen und deutscher Buddhisten und Buddhistinnen. Angaben zum quantitativen Umfang des Buddhismus in Deutschland belaufen sich auf ca. 40.000 deutsche und ca. 40.000 asiatische Buddhisten" (Baumann 1995a:110). 2004 waren schon 54 Gemeinschaften in der DBU. Seit 1987 wird das Magazin „Lotusblätter" herausgegeben, das 2003 in „BUDDHISMUS aktuell" umbenannt wurde und „ein Forum für alle in Deutschland vertretenen Traditionen ist. Diese gemeinsame Zeitschrift ist einmalig in Europa und wird von Vertretern der Buddhistischen Unionen im übrigen Europa als vorbildlich betrachtet" (Vajramala 2004:22).
Der Buddhismus in Deutschland bietet ein vielfältiges Bild, nahezu alle großen Traditionen und Schulen sind vertreten. Schwerpunkte verlegten sich

vom theoretisch aufgegriffenen Theravâda (Pâli-Kanon) in Richtung Zen und nach einem tibetischen Vajrayâna-Boom hin auf praktizierten Theravâda in Form des vipassanâ und therapeutisch informierter Meditationstechniken. Die einst überwiegend kognitiv-rationale Aneignungsform wich zunehmend einer praktisch-emotionalen; den kleinen Privatzirkeln von ehedem stehen heute Seminarhäuser, Groß(stadt)gesellschaften, Lebensgemeinschaften und dank der Öffentlichkeitsarbeit und Prominenz des Dalai Lama und des vietnamesischen engagierten Buddhisten Thich Nhat Hanh eine große Zahl von Sympathisanten gegenüber.

8.5. Expansion in Österreich

In Österreich zeichnet sich mit den 80er Jahren eine Phase ab, die deckungsgleiche Trends mit der oben von Baumann als sechster Rezeptionsperiode beschriebenen Epoche aufweist: Pluralisierung der Richtungen, Ausweitung des Kurs-, Seminar- und Retreat-Angebots, sukzessives Aufkommen neuer Gruppen mit größerer regionaler Streuweite nahezu bis zur Art einer „neuen Unübersichtlichkeit", sichtbare Präsenz hingegen dank der Errichtung von buddhistischen Pagoden und Anlagen und eine Proliferation des Schrifttums von sowohl asiatischen wie westlichen Lehrern.

Beispielhaft für die neue Vielfalt seien im folgenden einige der neu entstandenen Gruppen/Zentren (in Klammer das Gründungsjahr) genannt: Dharmadhatu Shambala Meditationszentrum Wien (1980), Dorje-Ying-Nyingmapa Zentrum (1981), Shitennôji Kulturzentrum Hinterbrühl (1981), Österreich-Zweig des Ârya Maitreya Mandala (1981), Tashi Rabten-Gemeinschaft Gut Letzehof/Feldkirch (1982), Karma-Kagyü-Orden Wien/Graz (1983), Drikung Kagyüdpa-Orden (1983), IMC-Austria Sagyagi U Ba-Khin-Zentrum/Klagenfurt (1984), Sanghamitta-Gruppe Buddhismus im Westen (1985), Zen-Gemeinschaft Kannon-Do/Innsbruck (1986), Naikan-Zentrum Neue Welt (1986), Kultur- und Sozialverein der vietnamesischen Buddhisten in Österreich (1987), Gelugpa-Gruppe Wien (1987), Zendô Innsbruck (1987), Österreichische Dzogchen-Gemeinschaft (1988), Naikan-Zentrum Salzburg (1989), Sakya-Gruppe Wien (1989), Zen Dôjô Wien (Sôtô nach Taisen Deshimaru Rôshi; 1993), Kwan Um Zen (koreanische Linie nach Seung Sahn; 1993), She Drup Ling/Buddhistisches Zentrum Graz (1995),

Senkozan Dôjô Wien (1997), Karma Chagchen Ling (1997), Karma Kagyü Sangha (1997), Daishin Zen Wien (1998).

In der Österreichischen Buddhistischen Religionsgesellschaft (ÖBR) sind 16 verschiedene Gruppen vereint, etliche Gruppen sind nicht Mitglied der ÖBR. „Eine Erhebung", heißt es für das Jahr 1998, „stellt 16.300 BuddhistInnen in Österreich fest." (*Ursache & Wirkung* Sondernr. Herbst 1998, 8). *Profil* nennt rund 20.000 Menschen, die sich in Österreich zum Buddhismus bekennen. Der Artikel ist mit „Besser als Jesus" betitelt und das Titelblatt des Magazins ziert ein Foto des wohl bekanntesten Buddhisten mit der erläuternden Unterschrift „Dalai Lama Superstar", darunter: „Wie der Buddhismus zur Modereligion wurde" (*Profil* Jg. 33/ Nr. 41 vom 7. Oktober 2002, 150-158). Es wird von der für den 11. bis 23. Oktober angesetzten Veranstaltung „Kalachakra für den Weltfrieden Graz 2002" berichtet, in dessen Rahmen tantrische Rituale unter der Leitung des Dalai Lama abgehalten werden sollen. Neben einigen sachlichen Informationen überwiegt gemäß Kriterien des Nachrichtenwerts das Sensationelle und Kontroversielle, wie schon die Aufmachung des Artikels ahnen lässt.

Die ÖBR als Organisation hat ein Präsidium (Präsident, Vizepräsident, Generalsekretär) und einen Sangharat (mindestens zehn Personen), der von einem Mitglied der Gemeinde und Vertretern einzelner Gruppen beschickt wird und das Präsidium inkludiert. Die Gruppen werden „Orden" genannt, wenn sie von asiatischen Traditionslinien herkommen und „Dharmagruppen", wenn sie im Westen entstanden sind. Etwa die Hälfte der Gemeindemitglieder ist in einer dieser Gruppen organisiert, die andere Hälfte gehört keiner Gruppe an – übrigens eine spezifisch westliche Erscheinung. Sie bezeichnen sich gelegentlich als NOB (Nicht-Organisierte-Buddhisten), manche mit humoristischem Unterton gar als SNOBs (Sicher-nicht-Organisierte-Buddhisten). Angelegenheiten von Stiftungen und Anstalten unterstehen dem Sangharat. Die ÖBR vertritt den Buddhismus nach außen und ist auch für den Religionsunterricht zuständig. Sie beschickt auch die TV-Sendung „Die Lehre des Buddha" mit geeigneten Präsentatoren. Vierteljährlich gibt sie ein Programmheft heraus. Sie ist außerdem Mitglied in der „European Buddhist Union" (EBU), einem Zusammenschluss europäischer buddhistischer Organisationen.

Charakteristisch für Österreich ist die urbane Konzentration, was sowohl die Mitgliederverteilung als auch die organisatorische Leitung angeht. Die Metropole Wien ist auffallend dominant: „In keinem anderen mitteleuropäischen Land [...] gibt es eine solche zentralistische Ausrichtung des Buddhismus auf *eine* Stadt (Wien) wie in Österreich" (Schriftliche Mitteilung von Friedrich Fenzl vom 21. Februar 2006).[20] Das geht soweit, dass die „Peripherie", da sie sich zu wenig repräsentiert und in ihren Anliegen (zuweilen) ignoriert sieht, z.T. unabhängig ihren Weg geht. So hat die Salzburger Gemeinde etwa eine eigene buddhistische Briefmarke herausgegeben und an seinem Religionspädagogischen Institut eine Ausbildung zum buddhistischen Religionslehrer eingerichtet. In der ÖBR sind buddhistische Gruppierungen aus diversen asiatischen Ländern unter einem Dach versammelt. Schulrichtungen, die in Asien aus geographischen Gründen nie in Kontakt gekommen sind, befinden sich plötzlich auf engem Raum beieinander – zuweilen buchstäblich unter demselben Hausdach: „[...] aus diesem buddhistischen Miteinander scheint eine neue Pflanze, ein neuer Baum zu entstehen: der Buddhismus im Westen. Schon in den asiatischen Mutterländern hatte sich ja das äußere Gesicht, hatten sich die Belehrungen und Praxismethoden des Buddhismus in jedem neuen Land, in das er kam, gewandelt. Im Westen kommt nicht nur die neue Kultur hinzu, sondern auch die Besonderheit, daß man alle buddhistischen Richtungen kennenlernen kann. In Asien hat es das in dieser Form bisher noch nicht gegeben. In Europa und in Asien ist ein Wandlungsprozeß des Buddhismus im Gange, und es hat den Anschein, daß dieser in Österreich ganz besonders rasch und intensiv erfolgt. Eine Ursache dafür ist sicher durch den Zusammenschluß aller buddhistischen Richtungen und Gruppierungen in einer einzigen Religionsgesellschaft gegeben" (Riedl 1998:5).

Die Deutsche Buddhistische Union (DBU) feierte im Jahre 2005 ihr 50-jähriges Bestehen. In „ihrer" Zeitschrift *Buddhismus aktuell* 2/2005 finden sich etliche Beiträge dazu, in denen kritisch Bestand aufgenommen und sensibel problemsondierend prognostische Annahmen formuliert wurden. Mehrfach

[20] Angelegentlich möchte ich mich auch für ein ausführliches Gespräch bzw. informatives Interview bedanken, das mir Herr Fenzl am 8. März 2006 gewährt hat. Er ist ein Pionier des (Shin-)Buddhismus in Salzburg und hat daher als Vertreter der „Provinz" in oben erwähnter „zentralperspektivischer" Hinsicht einen geschärften Blick.

wurde auf das von 56 Mitgliedsgemeinschaften in einer neuen Version verabschiedete Bekenntnis als Meilenstein und Unikum verwiesen. Es finde sich „ein solches Bekenntnis, dem unterschiedliche buddhistische Traditionen zustimmen, sonst nirgendwo auf der Welt." (Frey 2005:29).[21] Was dem vorausgegangen ist, wird auch zukunftsbegleitend für kreative Spannung sorgen: die Diskussion darum, was als unverkürzbare „Essenz" und was als (entbehrlich) „Kulturspezifisches" des Buddhismus zu betrachten sei.

Ein solches Unterfangen ist hinwieder ein sehr „westliches", dito der Versuch einen „westlichen Buddhismus" zu etablieren oder zu definieren. Dazu passt, was Zotz in einem eher skeptischen (Buch)Resümee anschraffiert: „In China, Japan oder Tibet versuchte man nie, einen 'eigenen' Buddhismus im Unterschied zum Land der Herkunft zu schaffen. Man wollte Buddhismus lernen und verstehen. In diesem Prozess entstanden automatisch eigene Ausprägungen, die nie als solche intendiert waren. Auch wer in Europa und Amerika asiatischen Lehren folgt, tut dies als westlich geprägtes Subjekt. Wo Metaphysik eine geringe Rolle spielt, läuft die Vermittlung oft stärker über Formen als über Inhalte. Man sitzt, spricht den Namen des Buddha, rezitiert ein Sûtra. Was in seiner Unmittelbarkeit zur Befreiung dienen soll, wird dem Europäer leicht zum Anreiz, neue metaphysische Überbauten zu schaffen. Philosophisch und existentiell, die Begegnung des Westens mit dem Buddhismus steht noch am Anfang" (Zotz 1996:304).

Das gemeinsame Bekenntnis für Buddhisten in Deutschland verweist gleichwohl auf eine traditions- und kulturübergreifende „ökumenische" Haltung hin. Es wird hier Ähnliches wie oben in Österreich beobachtet: „Die Präsenz des Buddhismus außerhalb Asiens ist durch räumliche Nähe und unmittelbare Begegnung unterschiedlicher buddhistischer Schulen und Traditionen gekennzeichnet. Im Gegensatz zu Asien, das über Tausende von Kilometern und durch eine Vielzahl von Sprachen getrennt ist, hat sich in westlichen Ländern eine Kultur der Begegnung und des Betonens von Gemeinsamkei-

[21] Wobei ich anmerken möchte, dass sich die Abfassung eines Bekenntnisses am Credo der christlichen Konfessionen orientiert: es fragt sich, ob der Buddhismus nicht vielmehr eine *Erkenntnis-*, alsdenn eine *Bekenntnis*religion sei. Das Bekenntnis verdankt sich auch dem Bemühen als Religionsgemeinschaft anerkannt werden zu wollen – entsprechende staatliche Vorgaben drängen als Leitbild die Kirchen auf. Aus formalen Gründen wurde eine entsprechender Antrag in der BRD 1986 abgelehnt.

ten entwickelt." (Baumann 2005:44). Eine damit sich abzeichnende „buddhistische Ökumene" führe aber nicht zu einer Vereinheitlichung von Lehren und Praktiken und auch nicht zu einem monolithischen „westlichen" Buddhismus, vielmehr zu verschiedenen Ausprägungen in verschiedenen Kontinenten und Ländern.

Wie weit diese vorerst ideell angestrebte Ökumene im alltäglichen Wirken und Werken der einzelnen buddhistischen Gruppen auch reale Gestalt annimmt, ist offen. Für die USA bemerkt der Religionshistoriker Seager: „Auf meinen Reisen und in vielen Gesprächen war ich oft verblüfft vom Ausmaß, in dem viele Gemeinschaften mehr oder weniger kommunikativ voneinander abgeschnitten waren. Trotz intra-buddhistischem Dialog auf nationalen, regionalen und lokalen Ebenen und Phänomenen wie geteilten und gemischten Praktiken, entwickeln sich viele Gruppen weiterhin ziemlich unabhängig" (Seager 1999:233). Eine Beobachtung, die für den deutschen Sprachraum wohl in gleicher Weise zutrifft.[22] Für Deutschland bemerkt Baumann, dass die buddhistischen asiatischen Immigranten noch zu wenig eingebunden, „gehört" und repräsentiert sind. Austausch mit den (deutschen) Konvertiten ist erst zaghaft im Gange. Beide „Lager" entwickeln und adaptieren hingegen ihre Lehrinhalte und Praktiken in einer Weise, die ihnen dauerhafte Präzenz gewährleisten soll. „Die jeweiligen Neuformulierungen stehen in der Spannung, das jeweils asiatisch-kulturbedingt Geprägte abzustreifen, ohne dabei Inhalte und Formen zu sehr zu verwässern und damit der inhaltlichen Grundausrichtung hin auf buddhistische 'Befreiung' zu entkleiden. Absehbar ist zwar, dass buddhistische Traditionen auch im 21. Jahrhundert im Westen eine klare Minderheitsreligion bleiben werden. Zugleich zeichnet sich jedoch ab, dass Buddhist- bzw. Buddhistin-Sein zukünftig nicht bloß als modisch-trendy oder exotisch-fremd angesehen wird, sondern als 'normaler', un-

[22] H. Genro Koudela, Leiter des Bodhidharma Zendô in Wien, äußerte sich in einem Interview vom 10. März 2006 im Gleichklang dahingehend, dass der Kontakt zu anderen Schulen nicht so sehr auf einen „Austausch" auf religiöser Ebene hinausgehe, sondern vorrangig „sozialer Natur" sei. Was es sehr wohl gebe, sind (Gruß)Bekanntschaften, Freundschaften, gegenseitige Einladungen zu Veranstaltungen, ein von Toleranz getragenes Gut-Miteinander-Auskommen. Genro sei hier innig gedankt für seine offen- und warmherzige Auskunfts- und Zuhörbereitschaft.

aufgeregter und akzeptierter Bestandteil der vielfältigen Religionslandschaften westlicher Länder." (Baumann 2005:46).

Dazu mag auch beitragen, dass der Buddhismus sich auch in den „materiellen" Landschaften manifestiert und sichtbar wird: Neben der Errichtung von buddhistischen Zentren sind vor allem Stupas als symbolische Repräsentanten der Ankunft und Niederlassung des Buddhismus wahrnehmbar. In Wien wurde 1983 eine große Friedenspagode am Donaikai eröffnet. Im selben Jahr wurde übrigens die erste buddhistische TV-Sendung („Die Lehre des Buddha") ausgestrahlt, der bis heute über 100 Sendungen folgten, womit die östliche Heilslehre auch eine mediale Präsenz zeigt. Visuell eindrucksvoll ist auch der Stupa des Letzehofes in der Nähe von Frastanz/Vorarlberg, eines 1982 gegründeten Zentrums des tibetischen Buddhismus, in dem regelmäßig einige tibetische und mongolische Mönche residieren, studieren und lehren. Am 12. Juni 1998 wurde im Grazer Volksgarten ein Stupa durch den Dalai Lama eingeweiht. Als Meilenstein darf auch die Einweihung des Buddhistischen Friedhofes im Mai 2005 am Wiener Zentralfriedhof besehen werden.

Eine „europaweit diskutierte Pioniertat" stelle die Einführung eines Religionsunterrichtes für buddhistische Schüler in Österreich dar. „1993 hatte der Unterricht mit 3 Lehrern und circa 8 Schülern begonnen, im Schuljahr 1999/2000 sollten es schon 130 Schüler sein, die von 8 Lehrern in 6 Bundesländern unterrichtet werden. Bis 2004 hatte sich die Anzahl der buddhistischen Religionslehrer verdoppelt und die Anzahl der Schüler ebenfalls. Mehrmals in diesen Jahren wurden an Höheren Schulen in Wien, Salzburg, Kärnten, Steiermark und Tirol von buddhistischen Schülern ausgezeichnete Leistungen bei mündlichen Reifeprüfungen im Fach Buddhistischer Religion geboten" (N.N 2010:37[23], siehe auch für oberen Absatz: 36-8).

Zur sozialen Trägerschicht des deutsch(sprachig)en Buddhismus werden thesenhaft folgende Merkmale genannt, die faktisch auch bestätigt werden: „weit überdurchschnittliche Bildung, humanistische Gesinnung, unorthodoxes und (sozial)kritisches Denken, überdurchschnittlicher Wohlstand und Urbanität" (Bub 2007, im Original kursiv). Empirisch lässt sich auch nachweisen, dass viele westliche Buddhisten eine unter „postmaterialistisch" rubrizierte Wertehaltung einnehmen (Bub 2007:139). Suche nach Sinn und ein Bedürfnis

[23] Es handelt sich dabei um eine Druckversion von Wikipedia-Eintragungen.

nach Glück nennt der Autor als anthropologische Konstanten, die für die Attraktivität des Buddhismus im Westen eine Rolle spielen. In einer konfessionell enthegemonialisierten, religiös pluralisierten und zugleich säkularisierten Gesellschaft, in der Hedonismus, Materialismus und Konsumismus vorherrschen, erfülle der Buddhismus ein spirituelles Bedürfnis, bediene eine Marktlücke (fehlende Meditationstradition) und eine unbefriedigte Nachfrage. Er wird positiv aufgenommen, „da er die Aussicht auf beständiges Glück mit der Bereitstellung von philosophisch fundierten, systematischen Methoden vereint" (Bub 2007:131, Kursivierungen des Originals nicht übernommen).

8.6. Helvetische Spezifika

Die Entwicklung in der Schweiz verlief ähnlich wie in Deutschland: Vervielfachung und Pluralisierung bei den buddhistischen Institutionen: Ende der 1990er Jahre bestehen an die hundert Gruppierungen und Zentren, fast die Hälfte stehen in tibetischer Tradition, ein knappes Drittel sind dem Mahâyâna zuzuordnen (davon zwei Drittel dem Zen) und ein Fünftel dem Theravâda, der mit Meditationsangeboten im Stile des vipassanâ an Terrain gewinnt. Viele sind in der 1976 gegründeten SBU (Schweizerischen Buddhistischen Union; www.sbu.net) angeschlossen. Die Schweiz hat auch eine bedeutende buddhistische Immigrantengemeinde mit eigenen Institutionen: etwa 2.000 Flüchtlinge aus Kambodscha (seit 1983 haben sie ein Khmer Kulturzentrum in Zürich), 4.000 bis 5.000 Vietnamesen; für die 8.000 bis 9.000 thailändischen BuddhistInnen sorgt das 1996 eingeweihte Wat Srinagarindravaram im Kanton Solothurn. Im Berner Oberland steht seit 1991 das Kloster Dhammapala in der Lehrtradition des thailändischen Reformmönches Ajahn Chah (1918-1992).

Unter den Konvertiten ist der Buddhismus ein weitgehend urbanes Phänomen für Leute mit höherer, oft akademischer Bildung. Prozentual ist der Bevölkerungsanteil an Buddhisten in der Schweiz (0,3%-0,36%) höher als in Deutschland (0,18%) und Österreich (0,25%).[24] Als spezifisch helvetisch wird vermerkt: „Intern haben Buddhisten in der Schweiz bislang wenig im

[24] Zur Problematik der Zahlen Baumann: 1998:272ff., dort auch die Prozentangaben für die Schweiz und BRD, für Österreich: grobe Eigenberechnung nach der Schätzung auf 20.000 Buddhisten im Jahre 1998 (s. o.).

Sinne gemeinsamer intra-buddhistischer Aktivitäten und Veranstaltungen kooperiert. Überwiegend verblieben die Gruppen, Zentren und Klöster strikt bei ihrer jeweiligen buddhistischen Ausrichtung, ohne das Gemeinsame hervorzuheben, wie dieses etwa in der österreichisch- und deutsch-buddhistischen Szenerie zu beobachten ist. Womöglich fehlt in der Schweiz der äußere Druck, der in den Nachbarländern ein Aufeinanderzugehen der unterschiedlichen Traditionen erwirkte, da Buddhisten bestrebt waren, die staatliche Anerkennung als Körperschaft öffentlichen Rechts zu erwirken." (Baumann 1998:278). Auch eine traditionsübergreifende, gemeinsame Zeitschrift besteht nicht.[25]

Auf seiner Pilgerschaft in den Westen hat der Buddhismus in der Konfrontation mit dem dort herrschenden Wertesystem etliche Elemente aus der lokalen Kultur übernommen. Sie transformieren ihn und geben ihm eine distinktive, „westliche" Gestalt. Dazu gehören: Demokratisierung, Gleichstellung der Geschlechter („Feminisierung" und Akzeptanz minoritärer [gleich]geschlechtlicher Orientierungen), Integration der/in die Psychotherapie, Aufweichung der Grenzen zwischen monastischen und Laien-Lebensformen, intra- und inter-religiöser Dialog, soziales Engagement u.a. (Näheres z.B. in Seager 1999:185-248; Fields 1992:373ff., Baumann 1995a:354f. im Hinblick auf einen „Eurobuddhismus").

[25] Auf eine Anfrage per E-Mail (Sommer 2011) bei der SBU und der ÖBR, den Dachorganisationen der Liechtenstein geographisch umgebenden Länder, konnten beide Religionsverbände keine existenten buddhistischen Gruppen im Fürstentum namhaft machen. Liechtenstein bleibt hier somit, wiewohl Teil des deutschen Sprachraumes, außen vor.

9. Buddhismus und die (akademische) Philosophie: Nach oder trotz Schopenhauer

„Selbst in Zeiten, die durch die Globalisierung der Kultur gekennzeichnet werden, verbleibt ein endemischer Eurozentrismus, ein hartnäckiger Widerwille zu akzeptieren, dass der Westen je etwas von Bedeutung aus dem Osten geborgt habe oder den Stellenwert des östlichen Denkens in der westlichen Tradition als wenig mehr zu sehen als eine rezente Erscheinung, flüchtig und intellektuell leichtgewichtig, im besten Falle noch als einen trivialen Anteil an einer weiter greifenden Reaktion gegen die moderne Welt“ (Clarke 1997:5). Im Gegensatz zur Psychologie und dort insbesondere in ihrer therapeutischen Praxis steht eine gründliche Auseinandersetzung mit der buddhistischen Philosophie abseits der Indologie oder Buddhismuskunde durch die akademische Philosophie immer noch aus. Dazu meint Sloterdijk: „Es ist eine bedauerliche Tatsache, daß die große Mehrheit der deutschen Intellektuellen, zumal der Philosophieprofessoren, an außereuropäischen Kulturen absolut nicht interessiert ist, daß es ein so komplexes Universum wie das des indischen Denkens und Meditierens gibt, das dem alteuropäischen in vielen Hinsichten ebenbürtig, in manchen vielleicht überlegen war und mit dem man sich wohl auseinandersetzen sollte, wenn man sein Metier ernst nimmt. Sie meinen, ihre eigenen Versuche, die abendländische Metaphysik zu überwinden, bedeuten automatisch einen Freibrief, die großen Systeme anderer Kulturen ignorieren zu dürfen. [...] Alles, nur keine Ost-Erweiterung der Vernunft!" (Sloterdijk u. Heinrichs 2006:13-4). Selbst ist Peter Sloterdijk dem östlichen Denken gegenüber aufgeschlossen, wohl nicht zuletzt aufgrund seines eigenen indischen Abenteuers.[26] Er erhofft sich gar von dort eine Kurskorrektur für Dinge, die im Westen schief oder aus der Bahn gelaufen sind: „Als Sein-zur-Bewegung ist die Moderne als 'Mobilmachung überhaupt' ausgezeichnet, das heißt als Sein-zur-Selbstvernichtung. Die 'Renaissance überhaupt', die wir in den asiatisierenden Umtrieben des sensibleren Westens am Werk sehen, kommt nicht weniger als einem Wechsel des ontologischen Vor-

[26] Beim von ihm so benannten „Psycho-Scharlatan" und „Wittgenstein der Religionen" Shri Rajneesh in Poona (am dichtesten beschrieben in: Sloterdijk 1999:105-7).

zeichens gleich. Denn wenn es einen gemeinsamen Nenner für die Strömungen des altasiatischen Denkens gibt, dann diesen, daß sie den Sinn von Sein als Sein-zur-Ruhe-in-der-Bewegung fassen. Selbst wo, wie im Yoga, mit höchsten Mobilisierungen von Kräften im Sinne einer mystischen Physiologie gearbeitet wird, liegt der Fokus des Bewusstseins immer im Aufstieg zur Stille in der Kraft. Die asiatisierenden Tendenzen im Westen sind vielleicht nur ungeschickte Tastversuche in dieser Richtung – sie drücken die Ahnung aus, daß weniger als ein ontologischer Vorzeichenwechsel nicht genügen wird, um aus den 'Modernisierungsprozessen' den fatalen Schub herauszunehmen. Wer heute nach einer Sprache der Demobilisierung sucht, der findet diese am ehesten im altöstlichen Raum, wo für die Kinetik des Lebenswillens andere Dramaturgien ausgebildet wurden als in der westlichen Mobilisierungszivilisation. Und nur durch Anleihen bei solchen Sprachen, die uns durch ihre ärgerliche Weisheit irritieren, lässt sich, wie unbeholfen auch immer, etwas von dem andeuten, was jetzt mitten in der weltweiten Bewegung zur Bewegung gesagt werden muss. Die unausdenkbare Zumutung, die in altasiatischen 'quietistischen' Tonarten an moderne Ohren tönt, zielt auf die kinetische Demission der mobilisierenden Systeme und Subjekte" (Sloterdijk 1989:93-94).

In seinem Buch *Weltfremdheit* beweist Sloterdijk intime Kenntnis des Buddhismus, zumal im Kapitel „Ist die Welt verneinbar? Über den Geist Indiens und die abendländische Gnosis". Der Untertitel verrät auch eine interessante Parallelisierung, die Sloterdijk in extenso vornimmt. Er charakterisiert den Buddhismus in seinen Sondierungen zur Geburtsvergessenheit des Menschen auf eigenwillige und dennoch „orthodoxe" Weise: „Die Lehre des Buddhismus ist keine andere als das Evangelium von der Vermeidbarkeit der Schöße. Hiermit exekutiert er zugleich die dunklen Tendenzen der *Upanishaden*. Das Motiv der Befreiung wird in solchem Ausmaß mächtig, daß sogar die stärksten Evidenzen brahmanischer Philosophie – so die Tiefenidentität von Atman und Brahman – wie störendes Beiwerk hinweggefegt werden. [...] Weil der Buddhismus alles, was Tendenzen zu den Schößen hin begünstigt, mit vernichtender Aufmerksamkeit studiert, besitzt er die am profundesten ausgearbeitete Hermeneutik des Hineingeratens" (Sloterdijk 1993:254). Eloquent wie stets umkreist Sloterdijk die Motive des Abkoppelns der Verstrickungsketten in den Geburtenkreislauf durch Einsicht und der Befreiung und der Weltlosigkeit. Zudem macht er deutlich, dass hier immer noch eine lebendige, ekstatische Metaphysik herüberleuchtet. Und er macht damit durchaus, was er zuvor moniert: „Kein Zeitalter war je so weit davon entfernt, zu erwägen, geschweige denn zuzugeben, daß der mystische Monismus das zu bewältigende Pensum des philosophischen Denkens sei." (Sloterdijk 1993:125). Der (wohl westliche) Philosoph ist aus dieser Warte mystisch unmusikalisch und verarmt: "Man kann fast schon definitorisch sagen, daß ein Philosoph jemand ist, der *nicht* weiß, was hohe Zustände der Kontemplation sind“ (Sloterdijk 1993:126).

Die Schwierigkeiten, die die Philosophie mit Denkweisen aus anderen Kulturen als der westlichen hat, beginnen damit, solche als „Philosophie” anzuerkennen: „[...] es gibt im gesamten östlichen Denken keinen Ausdruck, der in etwa dem entspricht, was in der europäischen Tradition mit dem Begriff 'Philosophie' gemeint ist [...]”, heisst es in einem Standardwerk zur Geschichte der Philosophie, in dem in einem langen Kapitel mit der Überschrift „Philosophie des Ostens” auf dieses eingegangen wird (Helferich 2000:485-6). Dies ist eine sehr pauschale Behauptung, bei der sich die Frage erhebt, wie genau und wie viele „östliche” Sprachen sich der Autor angesehen hat. Aber auch wenn vielleicht keine deckungsgleichen Begriffe zu finden sind, muss das nicht bedeuten, dass es im „Osten” kein analoges denkerisches Unternehmen gegeben hätte oder gibt, das der Philosophie entspricht. Aus einer mir vertrauten Disziplin, der Japanologie, kann ich da als korrektiven Beitrag zitieren: „Soweit ich weiß, hat sich bisher [...] niemand die Mühe gemacht, zu untersuchen, ob es im alten Japan Wörter *gab*, die zumindest ähnliches bezeichnen wie 'Philosophie im westlichen Sinn'. Das seit dem 8. Jahrhundert in Kreisen buddhistischer Gelehrter gebräuchliche *immyô* aber ist so ein Wort, denn es bedeutet etwa 'Wissenschaft von der Begründung' oder 'Argumentationstheorie' und schließt dabei solch 'westliche' Disziplinen wie Erkenntnistheorie, Logik, Sprachphilosophie und, teilweise, Ontologie ein. Historisch gesehen, gründet *immyô* unter anderem im Nyâya-vâda, einer philosophischen Schule im alten Indien, die in ähnlicher Weise zwischen Philosophie und Glaubenslehren unterscheidet wie [...] skizziert” (Paul 1993:10).

Es gibt eine alteingesessene Tradition als genuine Philosophie nur das anzuerkennen, was im alten Griechenland und dessen Kolonien seinen Anfang genommen und dann in Europa bis zur Gegenwart weitergeführt worden war. „Die Ausschließung Indiens aus der Geschichtsschreibung der Philosophie" (so lautet ein ganzes Kapitel in Halbfass 1981:165-182) geht bis auf die Doxographie des Diogenes Laertius zurück, der letztlich den Begriff und das Unterfangen „Philosophie" ursprünglich den Griechen zuschreibt, bei den „Barbaren" fände sich nicht einmal ein entsprechendes Wort dafür – ein Grundakkord, der wie oben evident gemacht, bis heute nachhallt. Die Philosophie als reine theoretische Einstellung und als Denken in Freiheit von mythischen, dogmatischen oder religiösen Elementen wurde auf dieser Linie als nur dem Abendlande zugehörig angesehen. Indisches Philosophieren galt in der Regel als von religiösen, zumal soteriologischen Motiven kontaminiert. Dabei wird hingegen ein idealisierter Philosophiebegriff in Anschlag gebracht. Dem für den Westen geltend gemachten und viel beschworenen Schritt vom Mythos zum Logos folgten noch lange Mythologeme auf den Fersen und die eigentliche Emanzipation von der Religion geschah wohl erst im Zeitalter der Aufklärung. Beim Buddhismus wird es schon mit der Zuordnung schwierig, wie der Dalai Lama gerne bemerkt: „Armer Buddhismus! Von den Geistlichen wird er verworfen, weil er eine atheistische Philosophie ist, eine Wissenschaft des Geistes, und von den Philosophen, weil sie ihn den Religionen zuordnen" (zit. in: Revel u. Ricard 2008: 41). Von daher kann dann wie folgt argumentiert werden: „Wegen d[...]er Nähe zur Religion ist es auch bis heute umstritten, ob das 'östliche' Denken, wie wir es einmal neutral nennen wollen, überhaupt in den Zusammenhang einer Geschichte der Philosophie gehört. [...] Hegel, der ja maßgeblich am Zustandekommen unserer Auffassung von Philosophiegeschichte beteiligt war, hat sich eindringlich und mit großer Einfühlungsgabe mit der orientalischen Philosophie – soweit damals bekannt – auseinandergesetzt. Trotzdem (oder deswegen) hat er sie in seinen *Vorlesungen über die Geschichte der Philosophie* nicht aufgenommen: 'Sie ist nur Vorläufiges, von dem wir nur sprechen, um davon Rechenschaft zu geben, warum wir uns nicht weitläufiger damit beschäftigen und in welchem Verhältnis es [...] zur wahren Philosophie steht.' Die 'wahre Philosophie' fängt bei Hegel bei den Griechen an. [...] Das orientalische

Denken zielt auf die göttliche Einheit: das Jenseits. Darin hat es für Hegel seine Erhabenheit und Stärke, 'diesseits ist es dann trocken und dürftig.' Man kann vermuten, daß diese Ansicht auch heute noch von der Mehrzahl der westlichen Philosophen geteilt wird" (Helferich 2000:486). Dass dies der Fall ist, führt der Autor eigenhändig vor, wenn er die buddhistische Philosophie zwar als solche anerkennt, dann aber als „üppig wuchernde Erlösungsscholastik" charakterisiert (Helferich 2000:504).

Einen Philosophen gilt es hingegen zu erwähnen, der nicht nur die philosophische Fixiertheit auf das Abendland entschieden korrigiert hat, sondern auch um ein Verständnis der Lehre des Buddha bemüht war. Karl Jaspers hat mit seinem Konzept der „Achsenzeit" die Philosophie aus einem hegelianisch-entwicklungsgeschichtlich oder religiös auf das Christentum zugespitzten Eurozentrismus herausgeholt. Kurz charakterisiert ist damit Folgendes gemeint: „In dieser Zeit drängt sich Außerordentliches zusammen. In China lebten Konfuzius und Laotse, entstanden alle Richtungen der chinesischen Philosophie, dachten Mo-ti, Tschuang-tse, Liädsi und ungezählte andere; in Indien entstanden die Upanischaden, lebte Buddha, wurden alle philosophischen Möglichkeiten bis zur Skepsis und bis zum Materialismus, bis zur Sophistik und zum Nihilismus, wie in China, entwickelt; in Iran lehrte Zarathustra das fordernde Weltbild des Kampfes zwischen Gut und Böse; in Palästina traten die Propheten auf, von Elias über Jesaias und Jeremias bis zu Deuterojesaias; Griechenland sah Homer, die Philosophen Parmenides, Heraklit, Plato, die Tragiker, Thukydides und Archimedes. Alles, was durch solche Namen nur angedeutet ist, erwuchs in diesen wenigen Jahrhunderten annähernd gleichzeitig in China, Indien und dem Abendland, ohne dass sie gegenseitig voneinander wussten.

In diesem Zeitalter wurden die Grundkategorien hervorgebracht, in denen wir bis heute denken, und es wurden die Weltreligionen geschaffen, aus denen die Menschen bis heute leben" (Jaspers 2004:77-8).

In das Werk *Die grossen Philosophen* haben folgerichtig der Buddha und der eminente Philosoph Nagarjuna Eingang gefunden. Der Buddha wird von Jaspers sehr einfühlsam charakterisiert. Leben, Lehre und Wirkung werden dargestellt und die Entwicklung hin zur Schulen bildenden Religion nach dem Ableben Buddhas wird straff skizziert. Nähe und Ferne ab- und erwägend,

verweist Jaspers insistent auf die „Universalien" und die das Menschengeschlecht verbindenden Elemente der buddhistischen Lehre: „Wir dürfen nie vergessen, daß bei Buddha und im Buddhismus eine Quelle fließt, die wir für uns nicht haben fließen lassen, und daß hier eine Grenze des Verstehens liegt. Wir müssen den außerordentlichen Abstand des Ernstes sehen und die billigen und schnellen Annäherungen verwehren. Wir müßten aufhören zu sein, was wir sind, um an der Wahrheit Buddhas wesentlichen Anteil zu gewinnen. Der Unterschied ist nicht der von rationalen Positionen, sondern der von Lebensverfassung und Denkungsart selbst. Aber über der Ferne brauchen wir den Gedanken nicht zu verlieren, daß wir alle Menschen sind. Es handelt sich überall um dieselben Daseinsfragen des Menschen. Hier bei Buddha ist eine große Lösung gefunden und verwirklicht, die zu kennen und nach Kräften zu verstehen uns aufgegeben ist. [...] Mag aus dem Abendlande entgegenschwingen, was analog scheint, die Gelassenheit, die Weltfreiheit der Mystik, das Nichtwiderstehen dem Bösen bei Jesus: im Abendland war Ansatz oder Moment, was in Asien zum Ganzen und damit ganz anders wurde" (Jaspers 2007/1:153 u. 154).
Jaspers nähert sich dem buddhistischen Denken sehr vorsichtig an, hütet sich vor einem vorschnellen Kategorisieren und hält die Möglichkeit offen und aus, dass ein Rest von Nicht-Verstehen-(Können) verbleiben mag. „Die negative Theologie wirkt wie ein milder Schatten, der im Abendlande das Licht der herrlichen Chiffernwelt eigentlich nur steigert. In Asien aber ist das Überschreiten nicht nur durch die Energie des Gedankens erfolgt, sondern durch die mit ihm verwirklichte Lebensverfassung und Lebenspraxis. Es geschah so konsequent in eine Tiefe hinein wie vielleicht nirgends sonst unter Menschen. Zweifelhaft ist es, wie viel wir davon verstehen. Aber gewiss ist, dass wir von dort auf eine einzige Weise getroffen werden können und dann auch die Ansätze dazu im Abendlande stärker spüren" (Jaspers 1963:399).
Allerorten verweist Jaspers in diesem Buch auf die Gedankenwelt Chinas und Indiens, insbesondere auf die Parallelen in der Mystik namentlich bei Tschuang-tse, Shankara, Plotin, Cusanus u.a. (z.B. Jaspers 1963: 393f.). Eine andere Referenz bietet wie bei vielen anderen Autoren Meister Eckhart: „Meister Eckhart deutet in den Vorstellungen der christlichen Theologie. Bei ihm atmen wir in der abendländischen Luft. Seine Ausgangspunkte und seine

Formeln sind nicht die buddhistischen. Trotzdem bewegt er sich an der gleichen Grenze, sucht er nach dem, wohin nur zu gelangen ist, wenn alle Chiffern und auch Gott, schlechthin alles überschritten werden" (Jaspers 1963:403-4).

Nicht ungern operiert Jaspers mit – um in seiner eigenen Sprechweise zu bleiben – der Chiffre des „Nichts": „Die Selbstaufhebung der Metaphysik ist von Buddha und den Buddhisten zum ersten mal in ganzer Radikalität ausdrücklich gedacht. Wir erfahren sogleich die Zweideutigkeit. Dieses Denken findet keine Heimat in der realen Welt und keine Heimat in einer gedachten Welt. Sie findet 'Heimat' im Verschwinden und Verschwindenlassen. Diese Selbstauflösung der Metaphysik der Chiffren führt im zeitlichen Dasein zum Nichts. [...] Aber das zeitliche Dasein ist da. Die vollkommene Selbstauflösung vermag in der Welt nichts mehr zu wollen, zu tun, nichts mehr aufzubauen. Sie kennt nur noch die Gleichgültigkeit und Beliebigkeit und Widersinnigkeit des Nichtigen" (Jaspers 1963:420).

Was hier und vielen anderen Formulierungen von Jaspers anklingt, ist seine Einschätzung des Buddhismus als einer weltentsagenden Mystik, die die Überwindung der Welt und Indifferenz ihr gegenüber zum Ziele habe. Dass dies zu kurz greift, wird von einem japanischen Religionswissenschaftler angemerkt, der im übrigen Jaspers bescheinigt, den Kern des Buddhismus erfasst zu haben, ungeachtet dessen, dass ihm verwehrt war, Primärquellen zu konsultieren (Mineshima 1987:137-8).

In Nagarjunas unerbittlicher Dialektik findet Jaspers formale Analogien zu Platons „Parmenides", Wittgenstein und Nietzsche. Er charakterisiert sie treffend und unter Zurückweisung des Nihilismus-Verdachts: „An die Stelle der verworfenen Metaphysik tritt jene logische Denkungsweise. Was Buddhas Grundhaltung war, die Ablehnung ontologischer Fragestellungen zugunsten des Hinblicks auf das Heil und die für dieses Heil wesentliche Wahrheit, wird zu Ende gedacht. Die frühere Seinsspekulation wird zur Erhellung durch Denkbewegungen, die sich selbst aufheben. [...] Diese gedankliche Haltung ist nicht, was sonst Skepsis heißt. Denn sie ist mit der Denkoperation, die über den Gegensatz von Richtig und Falsch, das heißt über das Denken hinausführt, auch über den Gegensatz von Dogmatismus und Skepsis hinaus. Nennt man sie Negativismus, so wird verkannt, daß in ihr das Nein ebensosehr wie das Ja verschwunden ist. Nennt man sie Nihilismus, so geht verloren, daß sie die Alternative von Sein und Nichts verworfen hat" (Jaspers 2007/2:564 u. 565).

Eine Stelle mag noch angeführt werden, da sie eine in der westlichen Rezeptionsgeschichte des Buddhismus wiederkehrende Zuschreibung enthält, seine Friedensliebe: „Es ist die wundersame Kraft des Sichhingebens, die Form des Verwehens in das Ewige. Es ist die buddhistische Liebe als universales Mitleiden und Mitfreuen mit allem Lebendigen, diese Haltung des Nichtangreifens. Es liegt ein Glanz der Milde über Asien trotz alles Schaurigen und Schrecklichen, das dort wie überall geschehen ist und geschieht. Der Buddhismus wurde zur einzigen Weltreligion, die keine Gewalt kennt, keine Ketzerverfolgungen, keine Inquisition, keine Hexenprozesse, keine Kreuzzüge." (Jaspers 2007/1: 152). Der Pazifismus, und die Friedfertigkeit des Buddhismus wird und wurde gerne als Kryptokritik am Christentum ins Spiel gebracht. Aus genauerer historischer Hinsicht ist dies relativierbar, aber im Kern bleibt wohl, dass im Namen des Buddhismus nie ein Krieg geführt worden ist.

Im philosophischen Diskurs der Gegenwart findet sich unterschiedliche Buddhismus-Kritik, z.B. bei Slavoi Žižek. Dass Buddhismus sehr verkürzt als Lifestyle-Element, Wellness-Generator, Psychoreperaturtechnik, Geistestraining im Dienste der Effizienzoptimierung oder Antistressmittel konsumiert wird – diese Gefahr wird gesehen und im Hinblick auf entsprechende Zwischenrufe des Philosophen Žižek adressiert: „Žižek wirft dem westlichen Buddhismus vor, dass er der globalisierten und hochtechnisierten Gierökonomie des Westens nun auch noch die fehlende spirituelle Metaphysik und leistungssteigernde, entspannte Gelassenheit liefere – auf dass der totale Zugriff auf die Welt und alles Leben noch effizienter zu Ende geführt werden kann" (Litsch 2005:50). So schrieb Slavoj Žižek in *Le Monde diplomatique* vom 13. Mai 2005:

„Der 'westliche Buddhismus' präsentiert sich zwar als das Heilmittel gegen die nervenaufreibende Spannung der kapitalistischen Dynamik, das es uns erlaubt, uns auszuklinken und unseren inneren Frieden und unsere Gelassenheit zu wahren, doch tatsächlich funktioniert er als die perfekte ideologische Ergänzung zur Dynamik des Kapitalismus. [...] Die 'westlich-buddhistische' meditative Einstellung ist die für uns wohl effizienteste Methode, vollständig an der kapitalistischen Dynamik teilzunehmen und gleichzeitig den Anschein geistiger Gesundheit zu wahren." Diese Formulierung findet sich in seinen Büchern wieder(holt), in denen er den „westlichen" Buddhismus als Fetisch beschreibt: Fetisch im Sinne eines Objektes, das Realitätsbewältigung ermöglicht, indem es hilft, die brutale Wirklichkeit abzufedern und nicht in seiner nackten Ganzheit zu konfrontieren. Der westliche Buddhist sehe nicht die „Wahrheit", die darin bestehe, dass seine Existenz in der gesellschaftlichen Verstrickung und Auslieferung an die Logik des Kapitals in jedem Bereich bestehe. Das tue er als bloßes Spiel ab: „[...] wo ist der Fetisch, der es Ihnen ermöglicht (so zu tun), als würden Sie die Realität 'so akzeptieren, wie sie ist'? Der 'westliche' Buddhismus ist solch ein Fetisch. Er ermöglicht es seinen Anhängern, dem atemberaubenden Tempo des kapitalistischen Spiels standzuhalten, und stützt zugleich die Eigenwahrnehmung, daß man nicht wirklich Teil desselben sei, sondern durchaus sehe, wie sinnlos dieser ganze Zirkus ist. Was wirklich zähle, sei der Seelenfrieden, auf den man sich immer zurückziehen kann" (Žižek 2001:65-66). Ein „Phänomen der Popkultur" sei der westliche Buddhismus, der „uns inneren Abstand zum und Gleichgültigkeit gegenüber dem rasenden Tempo des ökonomischen Wettbewerbs predigt, für uns wohl die effizienteste Methode, an der Dynamik des Kapitalismus teilzuhaben und dabei den Anschein geistigen Wohlbefindens zu wahren – kurzum die paradigmatische Ideologie des Spätkapitalismus" (Žižek 2003:29).[27]

Es funktioniert dies aber nur, weil die buddhistische Botschaft nicht in ihrer Radikalität gelebt wird: immer noch ist die Ich-Anhaftung und das prinzipiell maß- und grenzenlose Begehren leitend: „Bei aller derzeitigen Offenheit der westlichen Welt gegenüber dem Buddhismus, die grundlegende Ich-Orientierung ist dort in keiner Weise verschwunden, sondern reinkarniert sich nur in neuer Gestalt: im Konzept der konsumfreudigen Selbstverwirklichung, der marktbewussten Ich-Inszenierung, des psycho-, body- und biotechnischen Persönlichkeitsdesigns" (Litsch 2005:50). Wenn der Buddhismus dafür in den Dienst genommen wird, hat man sich Žižek's Kritik zu Herzen

[27] Die in diesem Buch entfaltete Kritik am Zen-Buddhismus kann hier nicht weiterverfolgt werden. Sie beruht weitgehend auf der Arbeit von Victoria (2006 [1998]). Dem von Žižek aufgegriffenen und schon von Koestler Ende der 1950er Jahre erhobenen Vorwurf der ethischen Gleichgültigkeit des Zen wird u.a. von Fader (1980) überzeugend begegnet.

zu nehmen. Der Buddha hatte dagegen etwas ganz anderes im Sinne: Befreiung vom Leiden aufgrund von Einsicht in die versklavende Dynamik von Gier, Begehren und Verblendung und die Illusionshaftigkeit eines Ich oder das Anhaften an eine „Persönlichkeit" und die Unbeständigkeit aller Erscheinungen in der Welt der Namen und Formen. Litsch erklärt folgerichtig: „Ein westlicher Buddhismus muss darum zuallererst wahrhafter Buddha-Dharma sein und nicht buddhistisch verpackte und angereicherte westliche Kultur zur Erfüllung aller unserer Ansprüche auf perfektes Glück" (Litsch 2005:51). Und wenn der Buddhismus von Glück spricht, dann meint er im Letzten ein Glück, „das nicht von dieser Welt ist."

Auch ein tibetischer Lama moniert oben Vermerktes unterstreichend und im Hinblick auf den „Import" der Lehre (des Dharma) im Westen sehr kritisch: solange nicht das Grundproblem der Ichbezogenheit angegangen und gelöst werde, verleibe man sich die Lehre in einer „Ego-Version" ein und nasche nur geschmäcklerisch an ihr herum. Er spricht von „der westlichen Einkaufsbummel-Mentalität, die den Dharma als Ware und die eigene Beschäftigung mit ihm als Investition betrachtet und nur das zu akzeptieren bereit ist, was den eigenen gewohnheitsmäßigen Erwartungen entspricht, und alles ablehnt, was nicht augenblicklich befriedigend zu sein scheint" (Khyentse 2002:175 u. 177). So besehen betrifft, was Žižek kritisiert, weniger den Buddhismus als solchen, als viel eher die Mentalität, mit der er im Westen konsumiert und zu eigennützigen Zwecken dienstbar gemacht wird.

Žižek's Behandlung von Religionen ist überdies als „hegelianisch" (cf.3.1 dieses Aufsatzes) und eurozentrisch gebrandmarkt worden, vor allem der Anspruch des Universalismus in Bezug auf das Christentum (und nur auf dieses?) und dessen herausragender Stellung in der Geschichte der Religionen. Dabei sei er nicht am faktischen, historischen Christentum, vielmehr an einer textuellen, abstrahierten und idealisierten Konstruktion des Christentums interessiert, die in ein psychoanalytisches Narrativ eingebettet wird, das naturgemäß in Europa verwurzelt ist (cf. Hart 2002 u. 2003). Für einen erklärten atheistischen Materialisten präsentiert Žižek die christliche Konfession in der Tat mit einer merkwürdig triumphalen Geste. Der von ihm dem westlichen Buddhismus zugeschriebene Fetischcharakter kann im Übrigen auch allen möglichen anderen spirituellen, therapeutischen, esoterischen, mystischen, schamanistischen, neo-paganen u.ä. Lehren und Praktiken auf dem neu-religiösen Markt zu eigen sein bzw. durch die Art ihrer Aneignung zukommen.

Vielleicht gibt es noch eine – von Žižek übersehene und mehrfachen Lacan'schen Lesungen offenstehende – Steigerungsform der Fetischisierung: Die ultimative religiöse Ideologie für das Überleben im entfesselten Kapitalismus biete der Tantra: Hier geht es nicht mehr nur um gelassene (Schein)Distanzierung, sondern um das durch Bewusstheit und Deklaration zum Erleuchtungskatalysator potenzierte, mit vollem Einsatz Mitspielen – und von dieser Haltung werden diverse buddhistische Richtungen nicht ausgenommen. Alles (Materiell-Physische) wird alchemistisch in eine diffuse „spirituelle Energie" konvertiert und ungezügeltes Triebausleben, ebenso wie ungehemmter Konsum, als spirituelle Verwirklichung verkauft.

Scharfer Sex dank meditativ geschärftem Bewusstsein! Das intensive Auskosten des Augenblicks („hier und jetzt") und ein reuefreier Hedonismus gelten als so zentral wie das sehr „amerikanisch" (calvinistisch) anmutende Motto: Geld ist geil! Und es haben ist Zeichen für spirituelles Wohlergehen. Tantrismus „ist in vieler Hinsicht eine Form von Spiritualität, die ideal auf die soziale und ökonomische Situation der kapitalistischen Konsumkultur des späten zwanzigsten Jahrhunderts zugeschnitten ist – eine Form von Spiritualität, die magischerweise Hedonismus und Transzendenz, Selbstverwirklichung und innerweltliche Prosperität zu vereinen imstande ist" (Urban 2000:303).

Diese Anverwandlung des Tantra ist zugleich nur ein Beispiel dafür, wie traditionelle religiöse Wege adaptiert, transformiert, ausgebeutet und selektiv angeeignet werden. Das gilt, wie Urban beispielhaft anführt, etwa für die Art der Vereinnahmung der Spiritualität der *Native Americans* oder Afro-Brasilianischer Bewegungen wie Santeria oder Candomble oder gar traditionellen jüdischen Traditionen wie der Kabbalah. Diese Aufzählung kann im Zeichen der Globalisierung auf alle möglichen anderen Kulturen und Epochen ausgedehnt werden: es ist alles im Angebot und nachgefragt: Der Buddhismus im Westen ist Teil des religiösen Marktes und muss (versucht) sich auf diesem (zu) behaupten.

10. Noch einmal Buddhismus heute: Auf dem Markt der Religionen

In den industrialisierten Gesellschaften des Westens hat sich ein veritabler „Markt der Religionen" herausgebildet. Voraussetzung dafür sind nicht nur die ökonomischen Bedingungen der Moderne, nach denen alles den Gesetzen des Marktes unterworfen wird, der damit zur umfassenden Instanz der Vermittlung nicht nur von materiellen, sondern auch von geistigen Gütern und sozialen Beziehungen geworden ist, sondern die Religionsfreiheit. Diese wurde in monotheistisch dominierten Gesellschaften zumal hart errungen und im Rahmen der Französischen Revolution 1789 als Menschenrecht mit *„la liberté de tous les cultes"* festgeschrieben. Heutzutage gibt einem das nicht nur das Recht, seine Religion frei zu wählen, sondern auch das Recht, eine (neue) Religion anzubieten. Religion wird nicht mehr vorschreibbar, sondern „staatsfrei": Der Staat hat sich jeglichen Eingriffs in religiöse Vorstellungen und Gemeinschaften zu enthalten. Desgleichen dürfen reziprokerweise aus einem irgendwie gearteten religiösen Glauben keine Ansprüche auf die Gestaltung des Staatswesens abgeleitet werden. Die Religion und der Glaube werden damit zur Privatsache:

„Das Recht der Religionsfreiheit jedes einzelnen, aus seiner Religionsgemeinschaft auszutreten, in eine andere einzutreten, an den kultischen Veranstaltungen teilzunehmen oder auch nicht, die Glaubenslehren seiner Kirche anzunehmen oder sie sich selber zu bilden, auf der einen Seite und die Auflösung von Staats- und Volkskirche, die zumindest juristische Aufhebung der Diskriminierung der überlieferten kleineren religiösen Gemeinschaften und die Entstehung neuer religiöser Gruppierungen auf der anderen Seite, konstituieren die Grundelemente eines Marktes von Angebot und Nachfrage" (Zinser 1997:31).

Durch die Marktöffnung und Liberalisierung für Religionsanbieter hat sich eine Unzahl an religiösen, spirituellen, okkulten/esoterischen, therapeutischen oder neu-heidnischen Gruppierungen gebildet, die z.B. mit dem Begriff „New Age" mühsam unter einen Nenner versammelt werden. Diese Gruppen konkurrieren miteinander auf dem Freizeitmarkt, da Religion in der Gegenwart zumeist nach der Arbeit, während des Feierabends oder am Wochenende „konsumiert" wird. Die „Privatisierung" oder „Individualisierung" des Religiösen hat auch dazu geführt, dass der kollektiv verbindliche Charakter verlorengeht und jeder aus allen möglichen Versatzstücken seine eigene „Religion" zusammenkomponieren und auch feilbieten kann. So entstehen unzählige Privat- oder Patchwork-Religionen, die sich „an einer Ästhetik der Bricolage orientieren" (Macho 2006:A 2).

Wie auch Charles Taylor darlegt, hat sich unter den Leitsternen individuelle Konsumkultur, Expressivität, gegenseitige Selbstdarstellung, Suche nach „Authentizität" en masse, Ich-Zugewandtheit und Vervielfältigung der religiösen Optionen eine neue Art der Religiosität entwickelt:

„[...] ein größerer Kreis von Menschen äußert religiöse Überzeugungen, die sich außerhalb der christlichen Orthodoxie bewegen. Ganz in diesem Trend liegt das Wachstum nichtchristlicher Religionen, besonders solcher, die aus dem Orient stammen, und die rasche Ausbreitung von New-Age-Praktiken, von Auffassungen, die sich über die Einteilung in humanistisch/spirituell hinwegsetzen, und von Praktiken, die Spiritualität und Therapie verbinden. Zusätzlich nehmen immer mehr Menschen Positionen ein, die man früher als unvertretbar angesehen hätte. Sie halten sich zum Beispiel für katholisch, erkennen jedoch viele wichtige Dogmen nicht an, oder sie kombinieren das Christentum mit dem Buddhismus, oder sie beten, sind sich aber nicht sicher, daß sie glauben. Damit soll nicht gesagt sein, daß man Positionen wie diese in der Vergangenheit nicht eingenommen hätte – sondern nur so viel, daß es heute einfacher ist, sich offen darüber zu äußern. [...] All das stellt die Konsequenz expressivistischer Kultur dar, soweit diese sich in unserer Welt auswirkt. Sie hat eine völlig neue Lage geschaffen" (Taylor 2002:96).

Inmitten dieser „neuen Lage" ist der Buddhismus ein Mitspieler und Mitanbieter und auch Mitkonkurrent. Der „neuen Lage" entspricht naturgemäß auch ein bestimmtes Verhalten seitens des Religionskonsumenten. Eine Religion muss nicht mehr im ganzen Paket übernommen werden. Das Paket kann aufgeschnürt und derjenige Inhalt entnommen werden, der dem eigenen Gusto gerade entspricht. So können auch buddhistische Meditationskurse besucht oder kann in buddhistische Seminare hineingeschnüffelt werden, ohne dass damit eine existentielle Ausrichtung oder gar Konversion zum Buddhismus einhergehen.

Die Säkularisierung hat eine Abwendung von den Großreligionen mit sich gebracht – die heute allerdings von einer alle Konfessionen durchziehenden Fundamentalisiserung konterkariert wird. In den hochindustrialisierten Ländern des Westens hat diese Abkehr durchaus auch ein gewisses Mißtrauen und Skepsis gegenüber den etablierten Weltreligionen mit sich gebracht. Diese Einstellung mag auch auf den Buddhismus als organisierter Religion projiziert werden und in manchen Fällen dazu führen, dass von einem formalen Bekenntnis zum Buddhismus Abstand genommen wird. Sicher ist, dass das Sympathisantenumfeld um ein vieles größer sein dürfte, als die Zahl der Mitglieder in buddhistischen Gruppen. Die Anzahl derer, die mal ein Buch des Dalai Lama lesen, mal eine Website buddhistischen Inhaltes einsehen,[28] mal einen vipassanâ-Workshop oder den Vortrag eines buddhistischen Würdenträgers besuchen oder sonst wie am Buddhismus – wenn auch ein noch so flüchtiges – Interesse bekunden, ist – im doppelten Sinne – kaum fassbar.

Die Präsenz des Buddhismus wird zusehends als etwas Alltägliches und Normales wahrgenommen. Für Interessenten ist er jederzeit (und virtuell per Mausklick jederorts) zugänglich geworden. Der Buddhismus ist im deutschen Sprachraum längst angekommen und hat sich vielgestaltig und vielerorts niedergelassen. Und er wird bleiben und florieren – im auch hier vielleicht mehrdeutigen Sinne: Blüten treiben.

---

[28] Der neureligiöse Markt hat im Internet ein (kon)geniales Instrument der Selbstdarstellung, virtuellen Gemeindebildung und Proliferation jeder Art gefunden. Das Ausmaß, in dem hier Information angeboten, Austausch gepflegt und Klientel rekrutiert wird, ist forschungsmäßig so gut wie (noch) nicht reflektiert.

Literatur

Batchelor, Stephen: *The Awakening of the West. The Encounter of Buddhism and Western Culture*. Berkeley, Calif.: Parallax Pr. 1994

Baumann, Martin: *Deutsche Buddhisten. Geschichte und Gemeinschaften*. 2., durchges. u. aktualis. Aufl. Marburg: diagonal 1995a

Baumann, Martin (Hg.): *Helmut Klar. Zeitzeuge zur Geschichte des Buddhismus in Deutschland.* Konstanz: Universität Konstanz, Arbeitsbereich Entwicklungsländer/ Interkultureller Vergleich, Forschungsprojekt „Buddhistischer Modernismus" 1995b (= Forschungsberichte 11)

Baumann, Martin: „Geschichte und Gegenwart des Buddhismus in der Schweiz", *Zeitschrift für Missions- und Religionswissenschaft* 82/4 (1998), 255-280

Baumann, Martin: „Buddhismus im Westen: Gemeinsame oder getrennte Wege?" *Buddhismus aktuell* 19/2 (2005), 43-46

Benoit, Hubert: *Zen and the Psychology of Transformation. The Supreme Doctrine*. Foreword by Aldous Huxley. Rochester: Inner Traditions Intern. 1990

Benz, Ernst: *Zen in westlicher Sicht. Zen-Buddhismus – Zen-Snobismus. Im Anhang Zen-Aussprüche*. Weilheim: O.W. Barth 1962

Bub, Ralf: *Der Buddhismus in der westlichen Gesellschaft.* München: GRIN 2007 (= Akademische Schriftenreihe B26)

Bunkachô (Hg.): *Shûkyô nenkan. Heisei 18nenpan*. Tokyo: Gyôsei 2007

Burston Daniel: „Erich Fromm: Humanistic Psychoanalysis", Moss, Donald (Hg.): *Humanistic and Transpersonal Psychology. A Historical and Biographical Sourcebook*. Westport, Connecticut & London: Greenwood 1999, 276-286

Clarke, John James: *Oriental Enlightenment. The Encounter Between Asian and Western Thought*. New York: Routledge 1997

Diener, Michael S.: *Das Lexikon des Zen. Grundbegriffe und Lehrsysteme, Meister und Schulen, Literatur und Kunst, meditative Praktiken, Geschichte, Entwicklung und Ausdrucksformen von ihren Anfängen bis heute.* München: Goldmann 1996

Dumoulin, Heinrich: *Der Erleuchtungsweg des Zen im Buddhismus*. Frankfurt a. M.: Fischer 1976 (= Fischer Taschenbuch 1667)

Eugster, Jörg: „Reise in den Westen. Buddhismus im Okzident – ein Überblick", *Ursache & Wirkung* 14. Jg./Nr.49 (3/2004), 10-15

Fader, Larry A.: „Arthur Koestler's Critique of D.T. Suzuki's Interpretation of Zen", *The Eastern Buddhist NS* 13/2 (1980), 46-72

Faure, Bernard: *Chan Insights and Oversights. An epistemological Critique of the Chan Tradition*. Princeton: Princeton UP 1993

Fields, Rick: *How the Swans Came to the Lake. A Narrative History of Buddhism in America*. 3. ed., rev. and updated. Boston & London: Shambala 1992

Frey, Hans-Erich: „Das Buddhistische Bekenntnis", *Buddhismus aktuell* 19/2 (2005), 39
Fromm, Erich, Daisetz Teitaro Suzuki und Richard de Martino: *Zen-Buddhismus und Psychoanalyse*. Frankfurt a.M.: Suhrkamp 1971 (= surhkamp taschenbuch 37)
Galling, Kurt (Hg.): *Die Religion in Geschichte und Gegenwart (= RGG). Handwörterbuch für Theologie und Religionswissenschaft*. 3. völlig neu bearb. Aufl. in Gemeinschaft mit Hans Frhr. V. Campenhausen u.a. hg. von Kurt Galling. IV Bd: Kop-O. Tübingen: Mohr (Siebeck) 1960
Glasenapp, Helmuth von: *Das Indienbild deutscher Denker*. Stuttgart: Köhler 1960
Halbfass, Wilhelm: *Indien und Europa. Perspektiven ihrer geistigen Begegnung*. Basel & Stuttgart: Schwabe 1981
Hanegraaff, Wouter J.: *New Age Religion and Western Culture. Esotericism in the Mirror of Secular Thought*. Albany, NY: State of New York UP 1998 (= SUNY Series, Western Esoteric Traditions)
Hart, William David: „Slavoj Žižek and the Imperial/Colonial Model of Religion", *Napantla: Views from South* 3.3 (2002), 553-578
Hart, William David: „Can a Judgment Be read? A Response to Slavoj Žižek", *Napantla: Views from the South* 4.1 (2003), 191-194
Hecker, Hellmuth: „Buddhisten im alten Österreich", *Bodhi Baum* 18/2 (1993a), 16-19
Hecker, Hellmuth: „Neumann und der Buddhismus", *Bodhi Baum* 18/2 (1993b), 20-30
Hecker, Hellmuth: *Lebensbilder deutscher Buddhisten. Ein bio-bibliographisches Handbuch. Bd I: Die Gründer*. 2. verb. Aufl. Konstanz: Univ. Konstanz 1996
Hegel, Georg Friedrich Wilhelm: *Vorlesungen über die Philosophie der Geschichte*. Mit e. Einf. von Theodor Litt. Stuttgart: Reclam 1961 (= Universal-Bibliothek 4881-85/85a-b)
Hegel, Georg Friedrich Wilhelm: *Werke 16. Vorlesungen über die Philosophie der Religion I*. Frankfurt a.M.: Suhrkamp 1969 (= Theorie Werkausgabe in 20 Bdn)
Heiler, Friedrich: *Die buddhistische Versenkung. Eine religionsgeschichtliche Untersuchung*. München: Reinhardt 1918
Helferich, Christoph: *Geschichte der Philosophie. Von den Anfängen bis zur Gegenwart und Östliches Denken*. Mit e. Beitrag von Peter Christian Lang. 4. Aufl. München: Deutscher Taschenbuch Verlag 2000
Herbert, Wolfgang: *Die Privilegierung der „Erfahrung" im Zen – D.T. Suzuki, das Internet und andere Miszellen zur Zen-Rezeption im deutschen Sprachraum*. Yorioka Rûji (Hg.): Doitsu bungaku ni okeru Nihon juyô to Nihon bungaku ni okeru Doitsu juyô. Kenkyû seika hôkokusho. Tokushima: Tokushima Univ./Faculty of Integrated Arts and Sciences 2008, 62-124
Herrigel, Eugen: *Zen in der Kunst des Bogenschießens*. München: O.W. Barth 1982

Hesse, Hermann: *Aus Indien. Aufzeichnungen, Tagebücher, Gedichte, Betrachtungen und Erzählungen*. Frankfurt a.M.: Suhrkamp 1980 (= suhrkamp taschenbuch 562)

Ital, Gerta: *Der Meister, die Mönche und ich.* Wien & München: O.W. Barth 1966

Ital, Gerta: *Auf dem Weg zu Satori. Übersinnliche Erfahrungen und das Erlebnis der Erleuchtung.* Wien & München: O.W. Barth 1982

Jaspers, Karl: *Der philosophische Glaube angesichts der Offenbarung.* München: Piper 1963

Jaspers, Karl: *Einführung in die Philosophie. Zwölf Radiovorträge*. München & Zürich: Piper 2004

Jaspers, Karl: *Die grossen Philosophen.* Bd 1 u. Bd 2. Erfstadt: HOHE 2007

Jung, C[arl] G[ustav]: „Zur Psychologie östlicher Meditation" *Bewusstes und Unbewusstes. Beiträge zur Psychologie.* mit e. Vorw. von E. Böhler. Frankfurt a. M. & Hamburg: Fischer Bücherei 1957, 144-163

Keyserling, Hermann Graf: *Das Reisetagebuch eines Philosophen.* Erster Band. 6. Aufl. Darmstadt: Reichl 1922

Khyentse, Dzongsar Jamyang Rinpoche: „Verzerrung", Wolter, Doris (Hg.): *Lebendiger Buddhismus heute.* München: O.W. Barth 2002, 174-184

King, Richard: *Orientalism and Religion. Postcolonial Theory, India and 'The Mystic East'.* London & New York: Routledge 1999

Lenoir, Frédéric: *Bukkyô to seiyô no deai. [Le rencontre du bouddhisme et de l'Occident.]* Ins Japan. übers. von Imaeda Yoshirô & Togashi Yôko. Tokyo: Transview 2010

Litsch, Franz-Johannes: „Westlicher Buddhismus – nein danke? Buddhismus und die Kultur des Westens", *Buddhismus aktuell* 19/2 (2005), 47-51

Lütkehaus, Ludger (Hg.): *Nirwana in Deutschland. Von Leibniz bis Schopenhauer.* Hg. u. mit e. Einl. von Ludger Lütkehaus. München: Deutscher Taschenbuch Verl. 2004 (= dtv 34127)

Lutyens, Mary: *Krishnamurti. Jahre des Erwachens. Eine Biographie*. München: Hugendubel 1981 (= Kailash Buch)

Macho, Thomas: „Mystisches Leuchten", *Der Standard* vom 16. Sept. 2006, A 2-3

Mellor, Philip A.: „Protestant Buddhism? The Cultural Translation of Buddhism in England", *Religion* 21 (1991), 73-92

Mineshima, Hideo: *Seiyô wa bukkyô o dô toraeru ka? Hikaku shisô no shiza.* Tokyo: Tokyo shiseki 1987 (Tôsho sensho 106)

Murti, T[irupattur] R[amaseshayyer] V[enkatachala]: *The Central Philosophy of Buddhism. A Study of Mâdhyamika System.* New Delhi: Munshiram Manoharlal 2006

N.N.: „Steiner, Rudolf", *Brockhaus. Die Enzyklopädie in 24 Bdn. Studienausgabe. 20., überarb. u. aktualis. Aufl. 21. Bd: STAM-THEL*, Leipzig & Mannheim: F.A. Brockhaus 2001

N.N.: *Buddhismus nach Staat: Buddhismus in Österreich, Buddhismus in Deutschland, Buddhismus in der Mongolei, Buddhismus in der Schweiz, Buddhismus in Estland, Buddhismus in Korea, Buddhismus in Polen, Buddhismus in Irland, Buddhismus in Kroatien, Buddhismus in Island.* O.O.: Books LCC 2010

Nietzsche, Friedrich: *Jenseits von Gut und Böse. Vorspiel einer Philosophie der Zukunft.* 2. Aufl. München: Goldmann 1984 (= Goldmann Klassiker 7530)

Nietzsche, Friedrich: *Die fröhliche Wissenschaft*. Nachwort von Günter Figal. Stuttgart: Reclam 2000 (= Universal-Bibliothek 7115)

Oldmeadow, Harry: *Journeys East. 20th Century Western Encounters with Eastern Religious Traditions*. Foreword by Huston Smith. Bloomington: World Wisdom 2004

Olendzki, Andrew: „Meditation, Healing, and Stress Reduction", Queen, Christopher (Hg.): *Engaged Buddhism in the West.* Boston: Wisdom Publ. 2000, 307-327

Otto, Rudolf: *Das Gefühl des Überweltlichen (Sensus Numinis)*. München: Beck 1932

Paul, Gregor: *Philosophie in Japan. Von den Anfängen bis zur Heian-Zeit. Eine kritische Untersuchung*. München: Iudicium 1993

Petzold, Bruno: *Goethe und der Mahayana Buddhismus.* Hg. u. eingel. von Joseph P. Strelka. Mit e. Lebenslauf Bruno Petzolds von Arnulf H. Petzold. Wien: Octopus 1982

Poier, Wolfgang: *Buddhismusrezeption in der österreichischen Moderne*. Dipl.Arb. Graz: Karl Franzens-Universität Graz/Inst. für Geschichte 1990

Pollock, Sheldon: „Deep Orientalism? Notes on Sanskrit and Power Beyond the Raj" Breckenridge, Carol A. and Peter van der Veer (Hg.): *Orientalism and the Postcolonial Predicament. Perspectives on South Asia*. Philadelphia: Pennsylvania UP 1993, 76-133

Prohl, Inken: „'Buddhistische Wege zum Glück' – Eine Analyse gegenwärtiger Erscheinungsformen des Buddhismus in Deutschland", Prohl und Zinser 2002:187-209

Prohl, Inken und Hartmut Zinser (Hg.): *Zen, Reiki, Karate: Japanische Religiosität in Europa*. Hamburg: LIT 2002 (= BUNKA -Tübinger interkulturelle und linguistische Japanstudien 2)

Revel, Jean-Fançois und Matthieu Ricard: *Der Mönch und der Philosoph. Buddhismus und Abendland. Ein Dialog zwischen Vater und Sohn*. 2. Aufl. Köln: Kiepenhauer & Witsch 2008

RGG siehe Galling

Riedl, Peter: „Gedanken des Herausgebers zur Österreichischen Buddhistischen Religionsgesellschaft", *Ursache & Wirkung. Zeitschrift für Buddhisten: Sondernummer: Buddhismus in Österreich*, Herbst 1998, 4-6

Ritter, Franz: „Austro-Buddhismus. Kleine Geschichte des Buddhismus in Österreich", *Bodhi Baum* 18/2 (1993), 4-10

Safran, Jeremy D. (Hg.): *Psychoanalysis and Buddhism. An Unfolding Dialogue*. Boston: Wisdom Publ. 2003

Said, Edward W.: *Orientalism*. New York: Vintage 1979

Schauwecker, Detlev: „Feature: Bruno Petzold (1873-1949). Teil II: Buddhismus" *OAG Notizen* 3 (2009a), 10-30

Schauwecker, Detlev: „Feature: Bruno Petzold (1873-1949). Teil III: Die Politik", *OAG Notizen* 12 (2009b), 10-41

Schopenhauer, Arthur: *Die Welt als Wille ud Vorstellung.* Textkritisch bearb. u. hg. von Wolfgang Freiherr von Löhneysen. Erster und Zweiter Band. Frankfurt a. M. & Leipzig: Insel 1996 (= Insel Taschenbuch 1873)

Seager, Richard Hughes: *Buddhism in America*. New York: Columbia UP 1999 (= Columbia Contemporary American Religion Series)

Sebald, Hans: „Die Romantik des 'New Age': Der studentische Angriff auf Wissenschaft, Objektivität und Realismus", Hans Peter Duerr (Hg.): *Der Wissenschaftler und das Irrationale. Bd.3: Beiträge aus der Philosophie*. Frankfurt a.M.: Syndikat 1985 (= Taschenbücher Syndikat, EVA 58), 215-237

Sharf, Robert H.: „Sanbôkyôdan. Zen and the Way of the New Religion", *Japanese Journal of Religious Studies* 22/3-4 (1995a), 417-458

Sharf, Robert H.: „The Zen of Japanese Nationalism", Donald S. Lopez, Jr. (ed*): Curators of the Buddha. The Study of Buddhism under Colonalism*. Chicago & London: Chicago UP 1995b, 107-160

Sharf, Robert H.: „The Uses and Abuses of Zen in the Twentieth Century", Prohl und Zinser 2002:143-154

Slepčević, Pero: *Buddhismus in der deutschen Literatur*. Phil. Diss. Univ. Freiburg/Schweiz. Wien: Kommissionsverl. Carl Gerold's Sohn 1920

Sloterdijk, Peter: *Eurotaoismus. Zur Kritik der politischen Kinetik.* Frankfurt a. M.: Suhrkamp 1989 (= edition suhrkamp 1450)

Sloterdijk, Peter: Weltfremdheit. Frankfurt a.M.: Suhrkamp 1993

Sloterdijk, Peter: *Selbstversuch. Ein Gespräch mit Carlos Oliviera*. München, Wien: Hanser 1999

Sloterdijk, Peter und Hans-Jürgen Heinrichs: *Die Sonne und der Tod. Dialogische Untersuchungen.* Frankfurt a.M.: Suhrkamp 2006 (= Suhrkamp Taschenbuch 3787)

Sogyal Rinpoche: *Das tibetische Buch vom Leben und vom Sterben. Ein Schlüssel zum tieferen Verständnis von Leben und Tod.* Mit e. Vorw. d. Dalai Lama. 26. Aufl. München: O.W. Barth 2002

Steiner, Rudolf: *Das Christentum als mystische Tatsache und die Mysterien des Altertums.* Dornach: Rudolf Steiner Verl. 1961

Suzuki, Daisetz Teitaro: *Die große Befreiung. Einführung in den Zen-Buddhismus*. Mit e. Geleitwort von C.G. Jung. 9. Aufl. Bern, München & Wien: O.W. Barth 1980

Taylor, Charles: *Die Formen des Religiösen in der Gegenwart*. Aus dem Engl. von Karin Wördemann. Frankfurt a.M.: Suhrkamp 2002 (= suhrkamp wissenschaft 1568)

Urban, Hugh B.: „The Cult of Ecstasy: Tantrism, the New Age, and the Spiritual Logic of Late Capitalism", *History of Religions* 39/3 (2000), 269-304

Vajramala: „Der Buddha-Dharma ist in Deutschland angekommen", *Buddhismus aktuell* 1/2004, 22

Vessel, Frank: *Ken Wilber - Denker aus Passion. Eine Zusammenschau*. Petersberg; Via Nova 2002

Victoria, Brian Daizen: *Zen At War*. 2nd ed. Lanham: Rowman & Littlefield 2006

Wachs, Marianne: „Das *kôan*, eine chinesische Erfindung", Marianne Wachs (Hg.): *Form ist Leere – Leere Form 1 (Buddhistische Lehrbegriffe)*. Berlin: Buddhistischer Studienverl. 2003, 81-101

Walsh, Roger und Shauna L. Shapiro: „Die Begegnung von meditativen Disziplinen und westlicher Psychologie: Ein sich gegenseitig bereichernder Dialog", *Transpersonale Psychologie und Psychotherapie* 13. Jg/2 (2007), 56-81

Wilber, Ken: *Einfach „Das". Tagebuch eines ereignisreichen Jahres*. Aus dem Amerikan. von Clemens Wilhelm. Frankfurt a.M.: Fischer Taschenbuch Verlag 2002a

Wilber, Ken: *Eros, Kosmos, Logos. Eine Jahrtausend-Vision*. 3. Aufl. Frankfurt a. M.: Fischer 2002b

Yamada Shôji: *Zen to iu na no Nihonmaru*. Tokyo: Kôbundô 2005

Zimmer, Heinrich: *Yoga und Buddhismus. Indische Sphären*. Frankfurt a.M.: Insel 1973 (= insel taschenbuch 45)

Zimmer, Heinrich: *Philosophie und Religion Indiens*. 3. Aufl. Frankfurt a.M.: Suhrkamp 1979 (= suhrkamp taschenbuch wissenschaft 26)

Zinser, Hartmut: *Der Markt der Religionen*. München: Fink 1997

Žižek, Slavoj: *Die gnadenlose Liebe*. Aus dem Engl. von Nikolaus G. Schneider. Frankfurt a.M.: Suhrkamp 2001 (= suhrkamp taschenbuch wissenschaft 1545)

Žižek, Slavoj: *Die Puppe und der Zwerg. Das Christentum zwischen Perversion und Subversion*. Aus dem Engl. von Nikolaus G. Schneider. Frankfurt a.M.: Suhrkamp 2003 (= suhrkamp taschenbuch wissenschaft 1681)

Žižek, Slavoj: „Ein Film als Behältnis von Bedeutung.
'Star Wars III' oder die Rache des globalen Kapitals",
www.taz.de/pt/2005/05/13.1/mondeText.artikel,a0060.idx,19 (26. 4. 2006)

Zotz, Volker: *Zur Rezeption, Interpretation und Kritik des Buddhismus im deutschen Sprachraum vom Fin-de-Siècle bis 1930. Historische Skizze und Hauptmotive*. Wien: Phil. Diss./Grund- u. Integrativwiss. Fak./Univ. Wien 1986

Zotz, Volker: *Geschichte der buddhistischen Philosophie*. Reinbek b. Hamburg: Rowohlt Taschenbuch 1996 (= rowohlts enzyklopädie 537)

Zotz, Volker: *Auf den glückseligen Inseln. Buddhismus in der deutschen Kultur*. Berlin: Theseus 2000

Zwiebel, Ralf: „Präsenz und Einsicht - zum Dialog von Psychoanalyse und Buddhismus", Transpersonale Psychologie und Psychotherapie 1 (2011), 8-18

Ausgewählte Veröffentlichungen aus dem Oldib Verlag

Friedhelm Schneidewind: **Mythologie und phantastische Literatur**

Patrick Peters: **Von Jerusalem nach Paris. Der Heilige Gral zwischen Mythos und Literatur**

Wolfgang Boochs: **Echnaton und Moses. Monotheismus und Aussatz**

Oliver Bidlo: **Profiling. Im Fluss der Zeichen**

Oliver Bidlo: **Tattoo – Die Einschreibung des Anderen**

Oliver Bidlo: **Rastlose Zeiten. Die Beschleunigung des Alltags**

Erich Steitz: **Kausalität und menschliche Freiheit**

Erich Steitz: **Sind wir noch zu retten? Krise und Chance des Homo sapiens im Lichte der Evolution**

Einführungen

Frank Weinreich: **Fantasy.** Einführung

Patrick Peters: **Edda.** Einführung

Anja Stürzer: **Shakespeare.** Einführung

Alexander Berens: **Europa.** Einführung

Oliver Bidlo: **Vilém Flusser.** Einführung

Tanja Bidlo: **Theaterpädagogik.** Einführung

Meinhard Saremba: **Oper.** Einführung

Norbert Schröer: **Interkulturelle Kommunikation.** Einführung Armin Staffler: **Augusto Boal.** Einführung

Thepakos+

Interdisziplinäre Zeitschrift für Theater und Theaterpädagogik

Nähere Informationen, weitere Bücher und Bestellmöglichkeiten finden Sie unter **www.oldib-verlag.de** oder schreiben Sie einfach an: **info@oldib-verlag.de**